永遠の空間
描かれた世界遺産

青山邦彦
解説／鈴木博之

彰国社

装丁・レイアウト:伊原智子

永遠の空間　描かれた世界遺産
contents

1	コロッセオ	Colosseo	Rome, Italy/Vatican	4
2	ローマ水道橋	Roman Aqueduct	Pont du Gard, France	8
3	サン・ヴィターレ聖堂	Basilica di San Vitale	Italy, Ravenna	12
4	カッパドキア	Cappadocia	Goreme, Turkey	16
5	アンコール・トム	Angkor Thom	Cambodia	20
6	サント・マドレーヌ聖堂	BASILIQUE SAINTE-MADELEINE	Vezelay, France	24
7	ノートルダム大聖堂	Cathedrale Notre-Dame	Strasbourg, France	28
8	アミアン大聖堂	Amiens Cathedral	Amiens, France	32
9	サン・フランチェスコ聖堂	Basilica of San Francesco	Assisi, Italy	36
10	ケルン大聖堂	Cologne Cathedral	Cologne, Germany	40
11	サナア旧市街	Old City of Sana'a	Sana, Yemen	44
12	シャンボール城	Chateau de Chambord	Loire, France	48
13	バジリカ	Basilica	Vicenza, Italy	52
14	エスコリアール宮殿	Escorial	Madrid, Spain	56
15	ナポリ王宮	Palazzo-Reale	Napoli, Italy	60
16	姫路城	Himeji-jo	himeji, Japan	64
17	二条城	Nijo-jo	Kyoto, Japan	68
18	ヴェルサイユ宮殿	Palace Verasilles	Paris, France	72
19	東照宮	Toshogu	Totigi, Japan	76
20	ポタラ宮	Potala Palace	Lhasa, China	80
21	ヴュルツブルグ宮殿	Würzburg Residence	Germany	84
22	ザンクト・ガレン修道院	St. Gall	St.Gall, Switzerland	88
23	カサ・ミラ	Casa Mila	Barcelona, Spain	92
24	シュレーダー邸	Schröderhuis	Utrecht, Holland	96

　　　参考文献　　100
　　　あとがき　　102

コロッセオ
Colosseo *Rome, Italy/Vatican*

■遺産名
ローマ歴史地区、教皇領とサン・パオロ・フォーリ・レ・ムーラ大聖堂
Historic centre of Rome, the Properties of the Holy See in that City Enjoying Extraterritorial Rights and San Paolo Fuori le Mura

■登録年
1980、1990

コンクリート構造の精華

　古代ローマ人たちがコンクリート構造を活用していたことはよく知られている。コンクリートは水で練ると固まり、その後は水に浸けられても溶け出さない。これが粘土や日干しレンガによる構造との違いである。ローマの町にいまもその偉容を誇っているコロッセオは、長いほうの差し渡しが187.7メートル、短いほうの差し渡しが155.6メートル、周囲が527メートル、高さが48.5メートルもある巨大なコンクリート構造の施設だった。コロッセオの外部はトラバーチン(一種のイタリア産大理石)の塊で仕上げられているが、その内部には無筋コンクリートが充填されているのである。完成したのはティトゥス帝の時代で、紀元80年に竣工し、100日にわたる記念の行事が繰り広げられた。コロッセオという名は、この競技場の近くにハドリアヌス帝によって移されたネロ帝の巨像(コロッスス・ネロニウス)に由来するといわれる。

　このような施設は円形競技場あるいは闘技場と呼ばれ、剣闘士の戦いや人とアフリカから連れてこられた猛獣との戦いなどを行う場所だった。楕円形のフィールドはアリーナと呼ぶが、これは砂を意味する言葉で、戦いで流される血を吸い取るために砂が敷き詰められていたことに由来している。

　アリーナの周囲にはすり鉢状に観客席が設けられており、約45,000人の観客を収容できた。観客席の最上部には立ち見席もあり、そこにも5,000人ほどが収容できたという。この観客席の外壁の上部には柱が林立していて、そこからはロープが張り渡され、熱い日差しを避けるための天幕が張り出せるようになっていた。これにはローマ海軍が帆を張るときの技術が応用された。

　剣闘士たちによる戦いは404年まで続けられていたという記録がある。その後ローマ帝国は崩壊し、地震などでコロッセオも被害を受けた。中世の11世紀から12世紀にかけては、コロッセオの内部に人びとが多く住みついていたという。しかしコロッセオがもっとも崩壊の度を進めたのはルネサンス以降の時期だった。大量のトラバーチンは格好の建築資材だったので、盛んにここから切り出されたからだった。

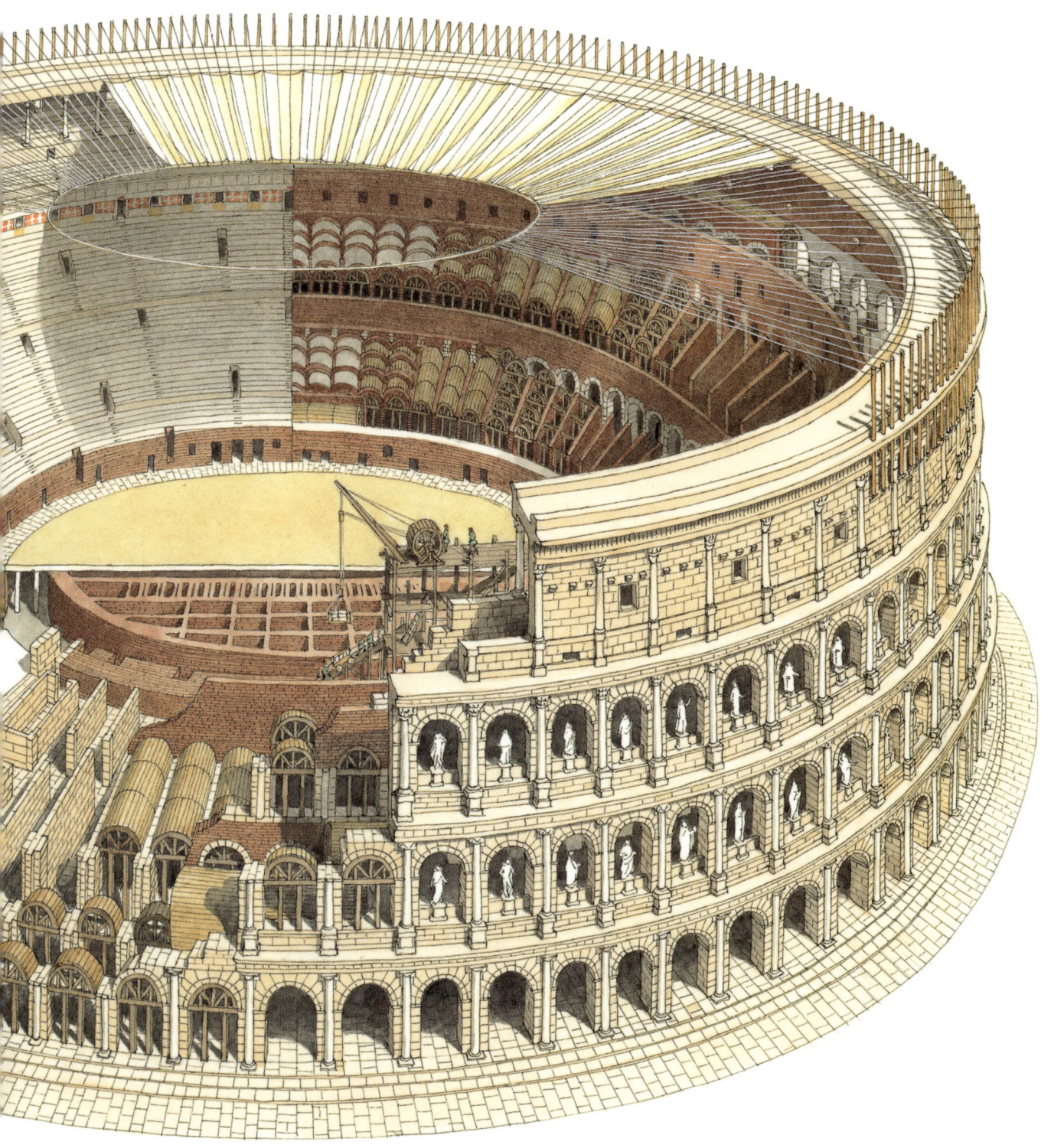

コロッセオの外壁構成

コロッセオは多くのスポーツ施設の原型となっている。サッカー場や陸上競技場などである。しかしそれだけではない影響もこの建物は与えつづけてきた。

コロッセオの外壁は4層構成になっており、1階から3階までアーチの形式によって構造体が形づくられているが、そこに下からドリス式、イオニア式、コリント式、コンポジット式のオーダーの柱が加えられることによって、全体がまとめられている。オーダーというのは柱とその上部の軒の部分の形とプロポーションの形式のことであり、古代ギリシアから現代にいたるまで、古典主義建築と呼ばれる系譜の建築構成の基本として使われつづけてきた。

コロッセオの外壁の構成はアーチとオーダーの組合せの手本として、また、それを複数の階にわたって積み重ねる手法の手本として、ルネサンス以後の多くの建築に影響を与えてきた。コロッセオがなければルネサンスの宮殿建築も、19世紀の官庁建築もずいぶん違った形式になっていただろう。

アーチとヴォールト構造

ローマの建築はコンクリート構造であるとともに、それをアーチとヴォールト、ドームといった構造でつくり上げていくものだった。アーチは半円形に石を積むことによって安定した開口部をつくることができた。これによって窓や入口がつくられる。また、アーチを連続させてかまぼこ型の天井をつくるのがヴォールト構造で、これによって部屋や通路がつくられた。アーチをぐるりと回転させる原理で生み出されるドームは、半球形の天井をつくり出し、大きくて印象的な部屋をつくり出すことができた。

ローマ人たちはその土地でとれる石灰岩と粘土を原料にしてコンクリートとレンガをつくり出したので、その帝国が広大な範囲に広がっていっても、その場所で建設工事を行うことができた。高級な材料や精緻な仕上げの施された石材はローマから直接送られたが、多くの構造は現地でつくられたのであった。このことがローマ帝国が世界に拡大しても自分たちの文明をまもりつづけられた秘密である。

コロッセオ Colosseo

荷揚げ機械（①）
ローマ人たちは重い石材や資材をもち上げるための荷揚げ機械を考案していた。それは長い材をロープで支え、その先端に資材をもち上げるためのロープをつけて、そのロープを滑車を使って巻き上げるというものである。古代ローマの建築家ウィトルウィウスは、著書『建築書』の第十書のなかで事細かにこうした機械について解説している。この荷揚げ機械の原理はガイデリックと呼ばれるもので、日本でも1950年代までは建設現場で多く使われていた。

仮枠（②）
アーチを築くためには仮枠が必要になる。なぜならアーチは、いったん完成すれば安定するがそれまでは不安定だからである。両側から石を積んでいって、中央の要石（キーストーン）と呼ばれる石を置いて、はじめてアーチは完成する。

アーチと柱の組合せ（③）
コロッセオはアーチ構造によって構成されているが、その外部に柱型をつけている。アーチの頂点と柱の高さを揃えて、全体が調和するように構成することは意外にむずかしい。コロッセオはその手本として、ルネサンス以後の多くの建築家たちによって研究された。

古代のエレベーター（④）
コロッセオには多くの仕掛けが施されていた。アリーナに人や動物を登場させるために、地下には迷路のように通路が巡らされ、そこからロープを使ってそれらをもち上げる装置があった。ロープを巻き上げることによって、じつにさまざまな動きが生まれていたのである。

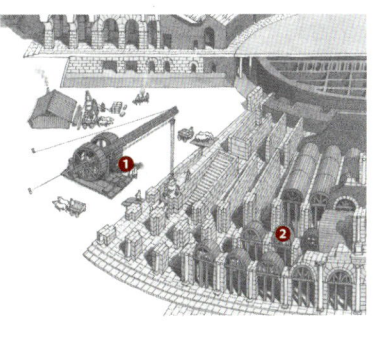
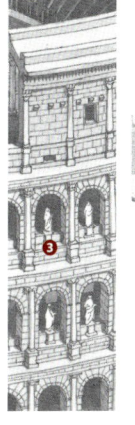

2 ローマ水道橋

THE WORLD HERITAGE

Roman Aqueduct *Pont du Gard, France*

■遺産名

ポン・デュ・ガール（ローマの水道橋）

Pont du Gard (Roman Aqueduct)

■登録年

1985

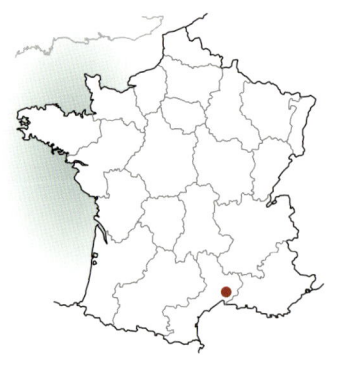

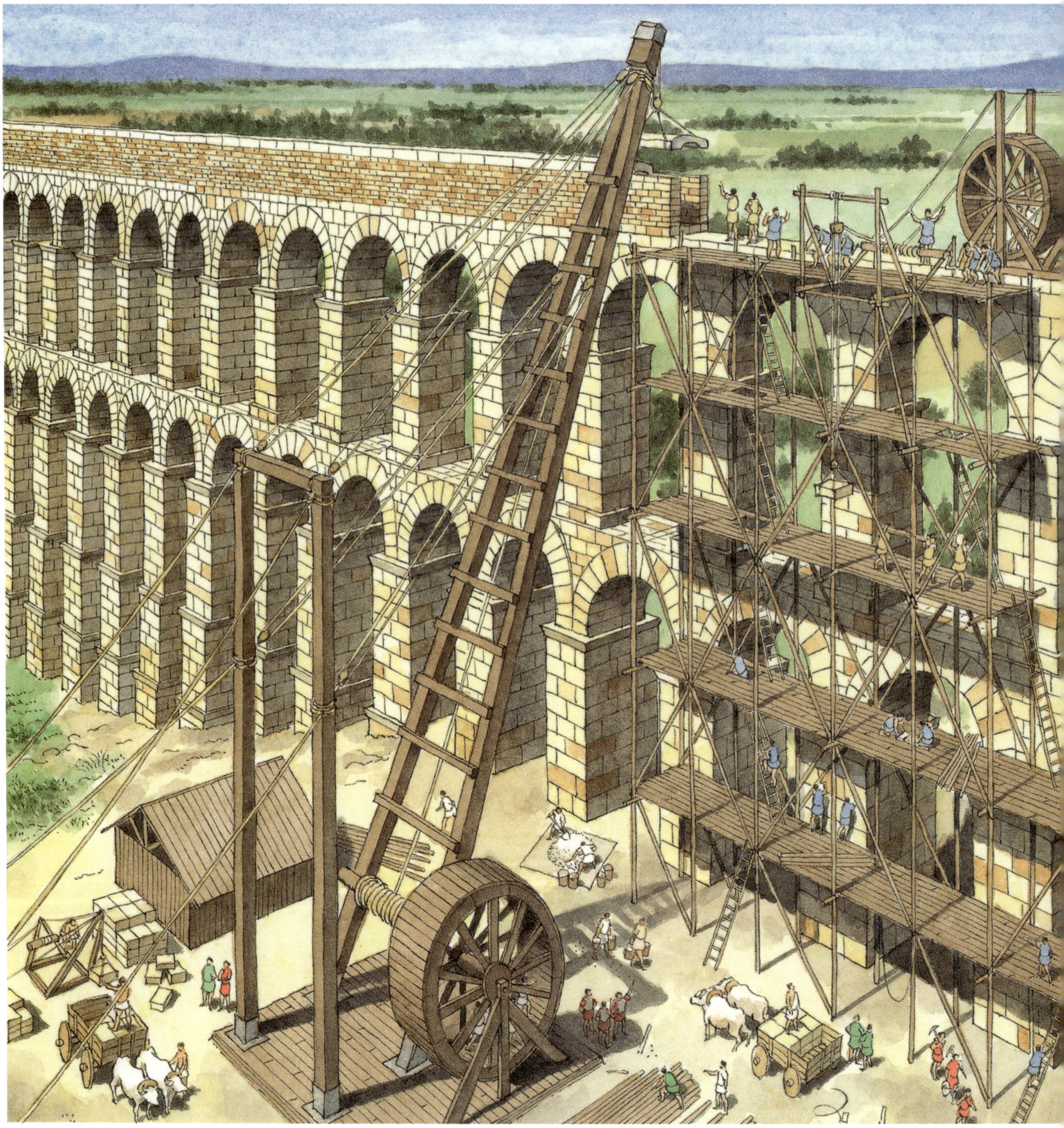

ローマ帝国と水

　ローマ人たちは生活に必要な水を、手近の川から汲むのではなく、遠くの湧き水から延々と町まで引いてくるのを常とした。そのための水路がローマの水道であり、水道は野を越え山を潜って町まで引いてこられた。ローマのような大都市ではひとつの水道では間に合わず、七つの水系から水が引かれた。また、北アフリカのカルタゴでは60キロメートルもの長さの水路が設けられた。こうした水路が低い土地を横切るときには、水位を高く保つことによって町まで水が流れつづけるように、一種の高架橋が設けられて、その上に水路が設けられた。これがローマの水道橋であった。

　古代ローマの技術は大きな土木工事を得意とするものであり、その特徴がもっともよく発揮されたのが水道橋なのである。水道橋を建設するためには、長い距離にわたって方向と高さを測量する技術がなければならないし、アーチを連ねて水がスムーズに流れる水路をつくり出すための建設技術がなければならない。こうした技術を広大なローマ帝国の全域で発揮できたのだから、そこには指揮系統の統一も必要だった。

　ローマ人たちが多くの水道を必要としたのは、生活には水が不可欠だったからでもあるが、ほかにも大きな理由があった。そのひとつは、当時の水道にはほとんど水栓がなかったという事実である。大邸宅を構える有力者の家には水が直接引かれていたが、一般の人びとは街角に設けられた水道から水を汲んだ。水は流れっ放しになっていたから、十分な水の量を確保しておく必要があった。また、ローマ人たちはテルメと呼ばれる大規模な浴場を建設して、市民たちの娯楽施設としていたので、そのために大量の水を必要とした。こうしてローマ帝国の各地には水道橋が建設され、それが現在にも残る壮大な遺跡となったのである。ポン・デュ・ガールはフランスに残る世界遺産であるけれど、もともとはローマ帝国内の施設だったのだ。

水道と道路

　ポン・デュ・ガールはフランスのニーム近郊に残る遺跡である。ニームの町に水を送るためにカルドン川を渡る施設として建設された。水路を高く保ったまま谷を渡る装置である。長さは275メートル、高さは49メートルもある。3層になった構造は、最上部に幅1.2メートル、深さ1.85メートルの水路をもっている。この水路は1キロにつき約0.34メートルの勾配がつけられていて、水を滑らかに流せるようになっている。

　ローマの道路もまた、土木技術の結晶であった。何層にもわたる砂利と石の層を突き固め、表面には扁平な石を敷き詰めてつくられるのが最上級の街道だった。「すべての道はローマに通ず」という言葉が生まれたのはこうした事実の裏付けがあってのことだった。なるべく平らな石を敷き詰めたとはいえ、自然石が並ぶ道路はたしかに馬車では走りにくいものだったが、この道路があればこそ、すべての情報が迅速にローマにもたらされたのだった。中世になっても道路の舗装はローマ時代を超えることはできなかった。道路がローマ時代を追い抜くのは、ようやく19世紀になってマカダム舗装というアスファルト舗装の技術が生まれてからだった。古代ローマの技術は産業革命が起きるまでは、人類の到達した最高点に位置しつづけていたのである。

サン・ヴィターレ聖堂
Basilica di San Vitale *Italy, Ravenna*

■遺産名
ラヴェンナの初期キリスト教建築物群
Early Christian Monuments of Ravenna

■登録年
1996

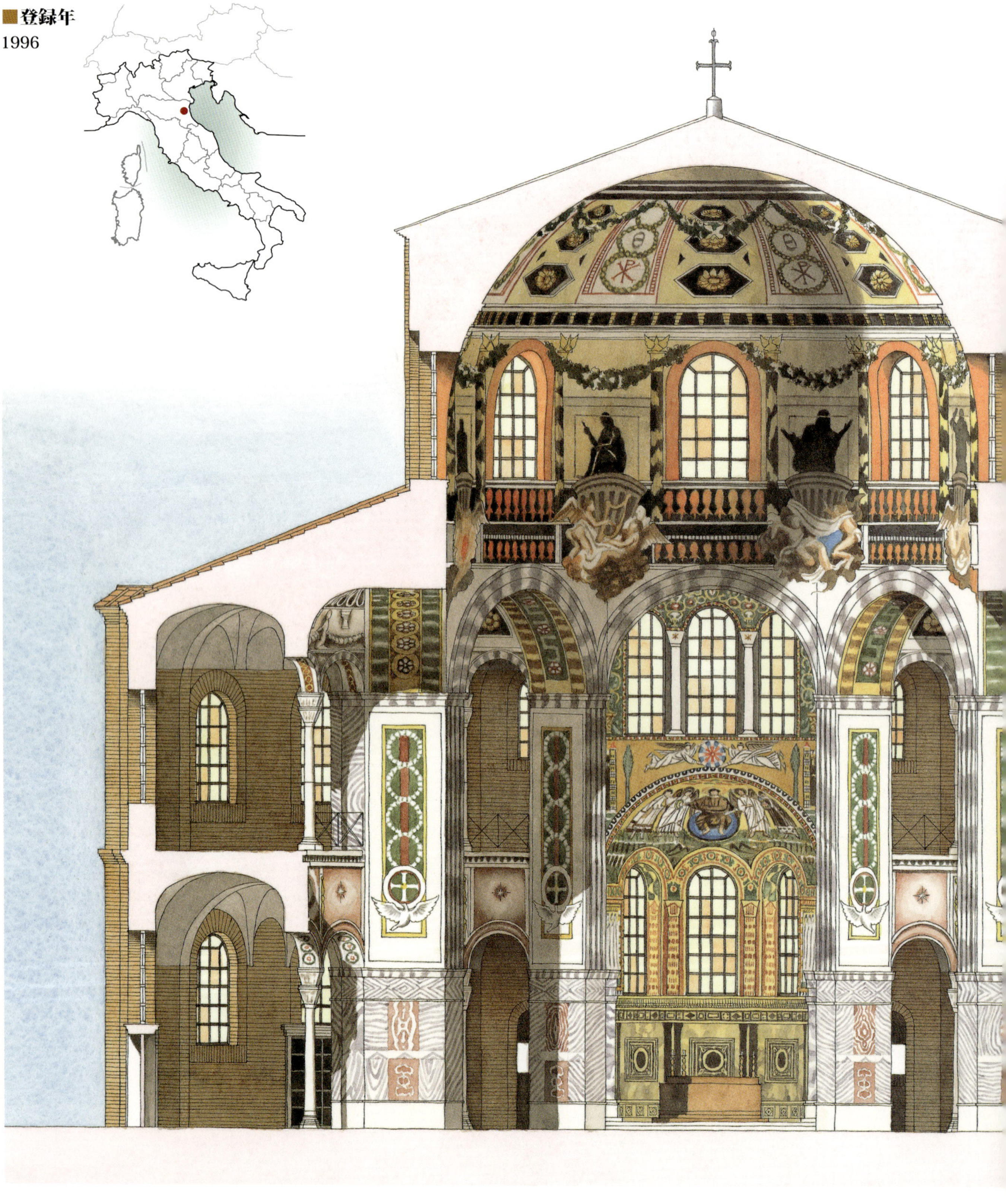

ビザンティン建築の精華

　イタリアのラヴェンナの町はダンテの墓があることで知られるが、この町にはコンスタンティノポリス（現在はトルコのイスタンブール）を首都とした東ローマ帝国の建築（ビザンティン建築）が伝えられていることでも有名である。サン・ヴィターレ聖堂はその代表的な建物で、コンスタンティノポリスからやって来た司教エクレシウスが建立したものである。建設されたのは526年頃から547年頃にかけてであった。二重の八角形からできた構成は、内側が長方形の教会堂の中央部分である身廊の部分に、外側がその両脇に設けられる側廊の部分に相当する。このような構成の聖堂はコンスタンティノポリスにはいくつか見られるものである。中央部分は30メートルの天井高さがあり、ドームが架けられている。このドームは中空のレンガを用いて築かれて、軽量化が図られている。周囲の部分は2階構成になっており、複雑に交差するヴォールト天井が架けられている。こうした複雑な構成はローマの建築技法の精華であった。聖堂全体はモザイクによって荘重に装飾されている。このモザイクや、レースのような彫刻が施された柱頭などが、ビザンティン建築の特徴である。

　八角形を基本とした建物のかたちは、縦方向にも横方向にもそれぞれ対称形になる、いわゆる二軸対称形になっているので集中形式と呼ばれる。正方形や円形、あるいはギリシア十字形の建物も集中形式である。こうした形の建物は中心部分にすべての注意が集まるので、そこに石棺を置いたり洗礼の水槽を置いたりして、霊廟や洗礼堂に用いられる例が多いのだが、このサン・ヴィターレ聖堂では八角形の一部がU字型に囲われて祭壇を設けた内陣になり、教会堂の構成をつくり出している。その意味ではきわめて特殊な聖堂であり、ほかにあまり例がないが、それだけこの聖堂は印象的である。建物の外観は褐色のレンガがそのまま剥き出しになっており、きわめて地味だが、内部に入るとそこに荘厳なモザイク装飾の世界が広がるのである。しかも複雑に入り組んだ柱と天井の組合せは実際に足を踏み入れないと想像できないほどである。

　ここを訪れた人びとは同じ敷地に建つガッラ・プラチディアの廟という、同じくモザイクで有名なギリシア十字形の建物にも足を伸ばしてビザンティン建築の素晴らしさを味わうことになる。

14

サン・ヴィターレ聖堂　Basilica di San Vitale

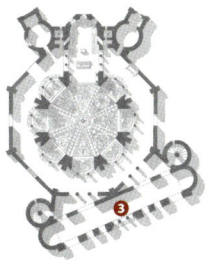

サン・ヴィターレ聖堂のモザイク（①）
ラヴェンナにはモザイクの見事さで知られる建築が多いが、サン・ヴィターレ聖堂のモザイクはその仕上げの見事さでとりわけ有名である。東ローマ帝国の皇帝ユスティニアヌスと王妃テオドラを描いたモザイクはこの聖堂のハイライトになっている。

大理石の腰羽目（②）
モザイクとともに大理石も聖堂を飾る仕上げ材料である。大理石を張るときには、1枚の大理石を2枚に挽き割って、それを開いたかたちに張る。こうすると大理石の模様が左右対称に広がるので、そのままで装飾模様となる。こうした張り方をマッチングと呼ぶ。大理石仕上げの見どころのひとつである。

ナルテックス（③）
ナルテックスとは玄関廊とも訳されるもので、聖堂への入口部分である。ここまでは信者でない人びとも入れたところである。サン・ヴィターレ聖堂のナルテックスは左右対称の軸からずれたかたちになっているが、特にわざとそうしたわけではなく、敷地の制約からこうなっている。

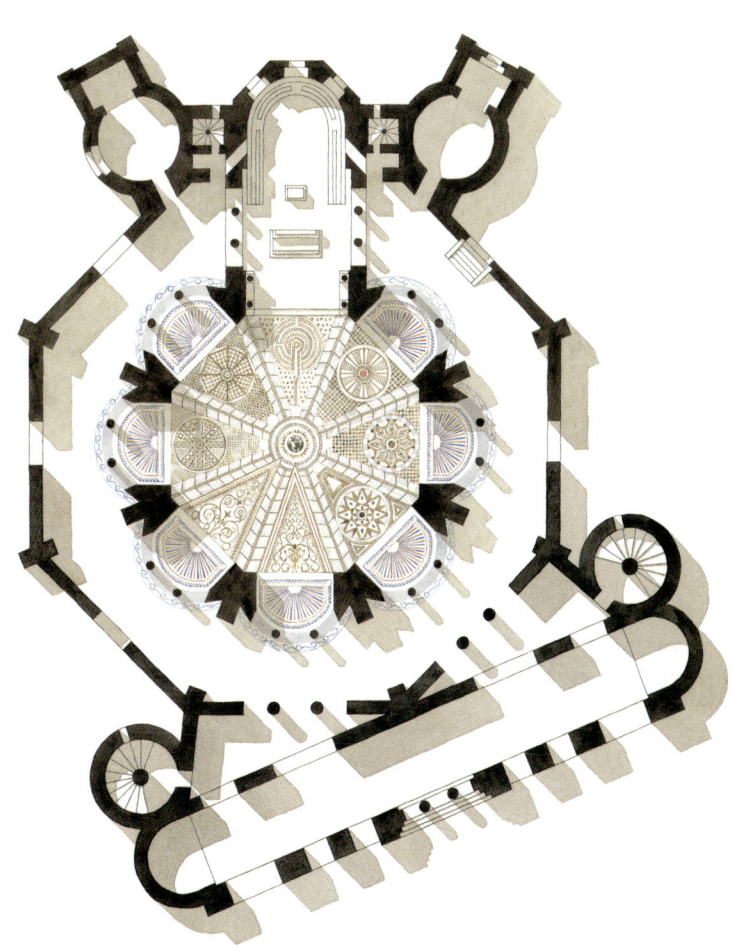

モザイクとは

ビザンティン建築のモザイクは有名であるが、それはモザイクが高価な仕上げであるからでもある。一般に建築の壁面を仕上げるときには、漆喰などで左官仕上げをするのがふつうだが、贅沢な仕上げを施す場合にはそこに壁画などを描く。そうした壁画よりもさらに贅沢な仕上げがモザイクなのである。モザイクはテッセラと呼ばれる小さな石やタイル、ガラスなどを壁面に張りつけて模様や情景を描き出す手法である。また金箔をガラスに挟んで張りつけ、黄金の輝きを表現することも好まれた。ひとつひとつのテッセラは絵画のひとつの点にしか当たらないので、その点を連ねて絵画にするには膨大な数のテッセラを張ってゆかなければならないし、さまざまな色調を表現するためにはやはり膨大な種類の石やタイルを用意しなければならない。単純な装飾パターンをつくる場合にも、壁面の石材にモザイクのパターンどおりに溝を掘り込んでからテッセラを埋め込むので、その手間はかなりなものになる。しかしながらこうしてつくられたモザイクは色が褪せず、床に用いてもすり減って消えてしまうことなく、永遠の輝きを保つので、多くの人びとに好まれた。

4

THE WORLD HERITAGE

カッパドキア

Cappadocia *Goreme, Turkey*

■遺産名

ギョレメ国立公園とカッパドキアの岩窟群

Goreme National Park and the Rock Sites of Cappadocia

■登録年

1985

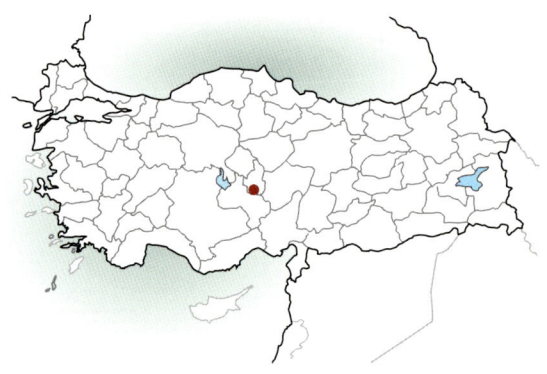

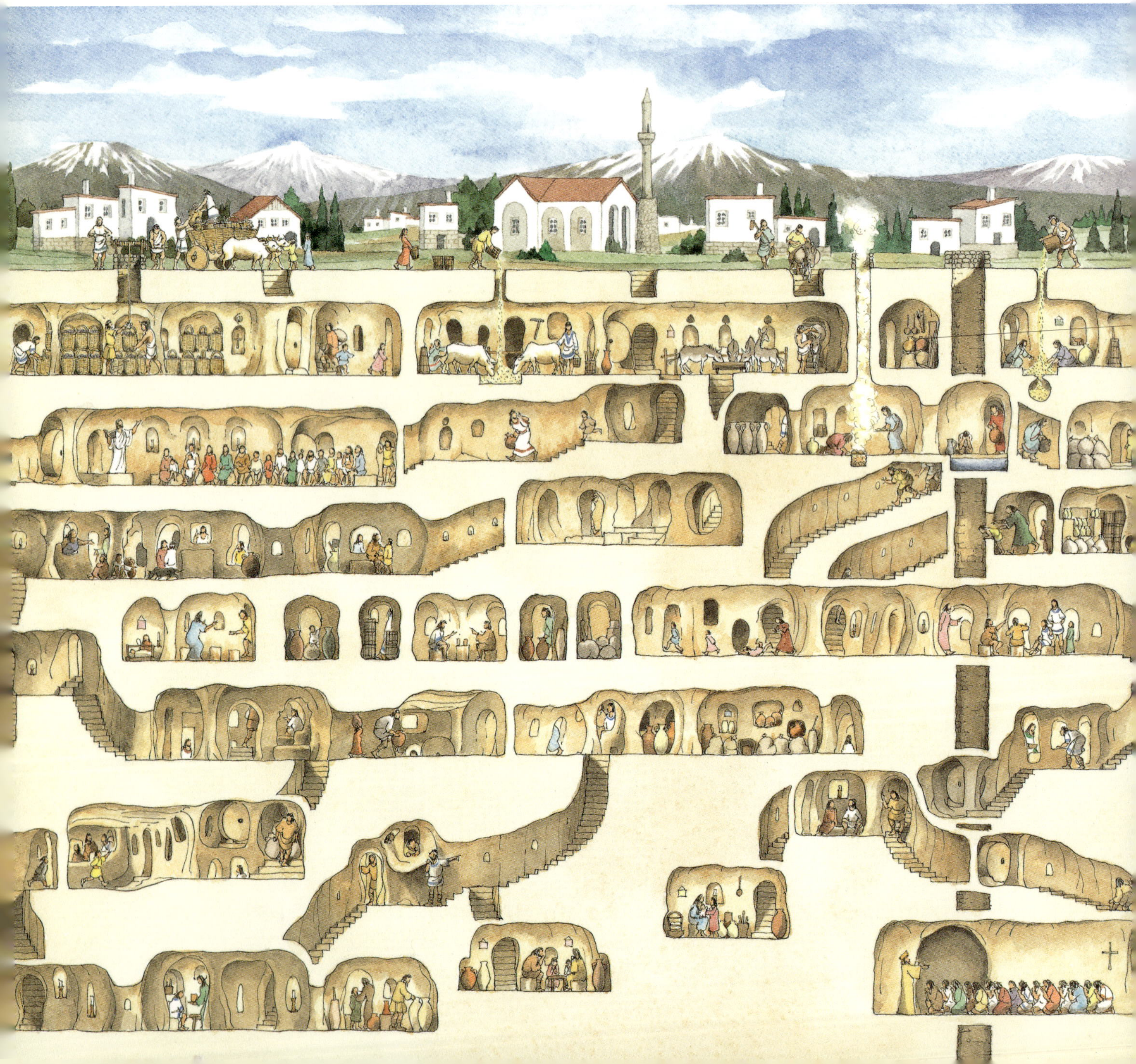

謎の都市

　カッパドキアはトルコ東部の地域の古代の名称である。冬は寒く夏は乾燥が厳しく、農耕には不向きな土地であるため、牧畜を中心とした生活が営まれてきた。紀元前2000年代にはヒッタイト帝国の支配地域に入っていたが、後にはアケメネス朝ペルシアの支配する土地になり、ローマ帝国がその領域を最大にしたトラヤヌス帝の時代にはローマ帝国の属州のひとつになっていた。

　このような変遷をたどったカッパドキアの地域には、キリスト教が広まるとともに修道士たちが共同生活を送る修道院が多く建てられるようになった。ギョレメ、シャウシン、ペリストラマ渓谷などにはそうした修道院が多く残されている。6世紀から13世紀にかけて建設されたそれらの修道院は岩をくりぬき、そこに地上の聖堂と同じような内部空間をつくり出していた。聖画の残されるものが多く、300余りも残されている修道院のうち、半数ほどは聖画を残している。これらは1907年から40年にわたってフランスの司祭によって行われた調査の結果判明していったものである。しかしながら現在もその全貌を明らかにはできていない。

　そこに1965年、トルコの考古学者によって新たに地下都市群が発見された。それらは聖画の残された修道院とは異なる、幾重にも重なったアリの巣のような地下都市なのだった。現在36の地下都市が確認されており、なかでもカイマクルとデリンクユが規模の大きい地下都市である。しかし誰がいつ、どのような目的で建設した地下都市なのか、正確なところはいまだにはっきりとは解明されていない謎の都市なのである。

カイマクルとデリンクユ

　カッパドキアの地下都市のなかで、カイマクルとデリンクユはともに1万人以上の人びとが暮らせる規模をもっている。カイマクルは地下に8層に及ぶ部屋部屋を備えていた。これらの都市は地下にコミュニケーション・ホールといわれる大きな空間、子供たちの教育のために使われたと思われる部屋、通気孔を兼ねた井戸、食堂などがあり、ワインセラーも備わっていた。こうした部屋部屋はそれほど長い期間使われつづけてはいなかったようで、これらの都市を建設した人びとが去った後に、修道士たちが入ってきてそれを使いつづけたのではないかともいわれている。

　こうした地下都市の上に広がる土地は、ふだんは地下都市の住民たちが牧畜などの生活を送る場であったと考えられている。地上には井戸のように見せかけた通風口の穴や、それとはわかりにくい地下への入口などが設けられるだけであった。井戸の深さは150メートルにも及んでいる。外敵の侵入をふせぐために、地下の通路の所どころには、石でできた扉が用意されていて、いざというときにはそこをふさげるようになっていた。

　気候風土の厳しさを避けるために地下の都市を建設したのか、外敵との抗争を避けてこうした地下都市を建設したのか、あるいは宗教的迫害から身を避ける集団がこの都市を建設したのか、その実相は謎のままである。しかしながら地下に複雑に組み合わされた空間を構成し、そこに空気と水と排水を確保し、持続的な生活の場を築き上げたことはまさしく驚異である。

カッパドキア　Cappadocia

地下の生活

　カッパドキアの地下都市のように深く入り組んだ例は少ないにしても、地下に生活の場を築くこと自体は、それほど珍しいことではない。日本の竪穴式住居はごく浅く地面を掘り込んだところに屋根を架けたものであるから、一種の地下住居と見ることもできる。けれども地下都市というにはほど遠いこともまた事実である。

　地下住居の定義を、天井も地中に埋まっている住居と考えると、中国には巨大なヤオトンと呼ばれる地下住居があるし、古代ローマの住居にもまた、夏の暑い時期に用いる地下部分のある例が知られている。かつての東ローマ帝国の首都コンスタンティノープル（現在のトルコのイスタンブール）には、巨大な地下の水道施設が残されているし、イタリアのペルージアの町には地下に入り組んだ都市的といえる空間が存在している。地下を掘り進んでつくられた修道院は、東ローマ帝国の領内にはいくつも見られるもので、キエフの町にはそうした地下の修道院で死んだ聖者たちのすがたがいまも残されている。

　地中に鉱山の坑道を掘り、それがやがて一種の地下都市のような様相を呈することもしばしばある。廃坑の跡が観光地になっている例は多いし、それもまた人のすがたが消えた地下都市なのである。このように考えてくると、地下はわれわれの生活意識からそれほど遠い存在ではないのかもしれない。

5 THE WORLD HERITAGE

アンコール・トム

Angkor Thom *Cambodia*

■遺産名
アンコール
Angkor

■登録年
1992

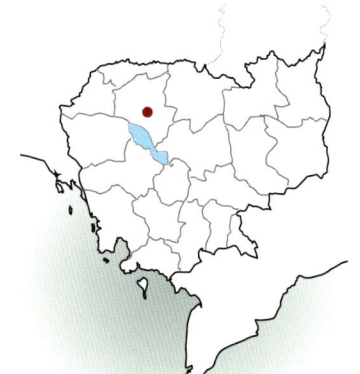

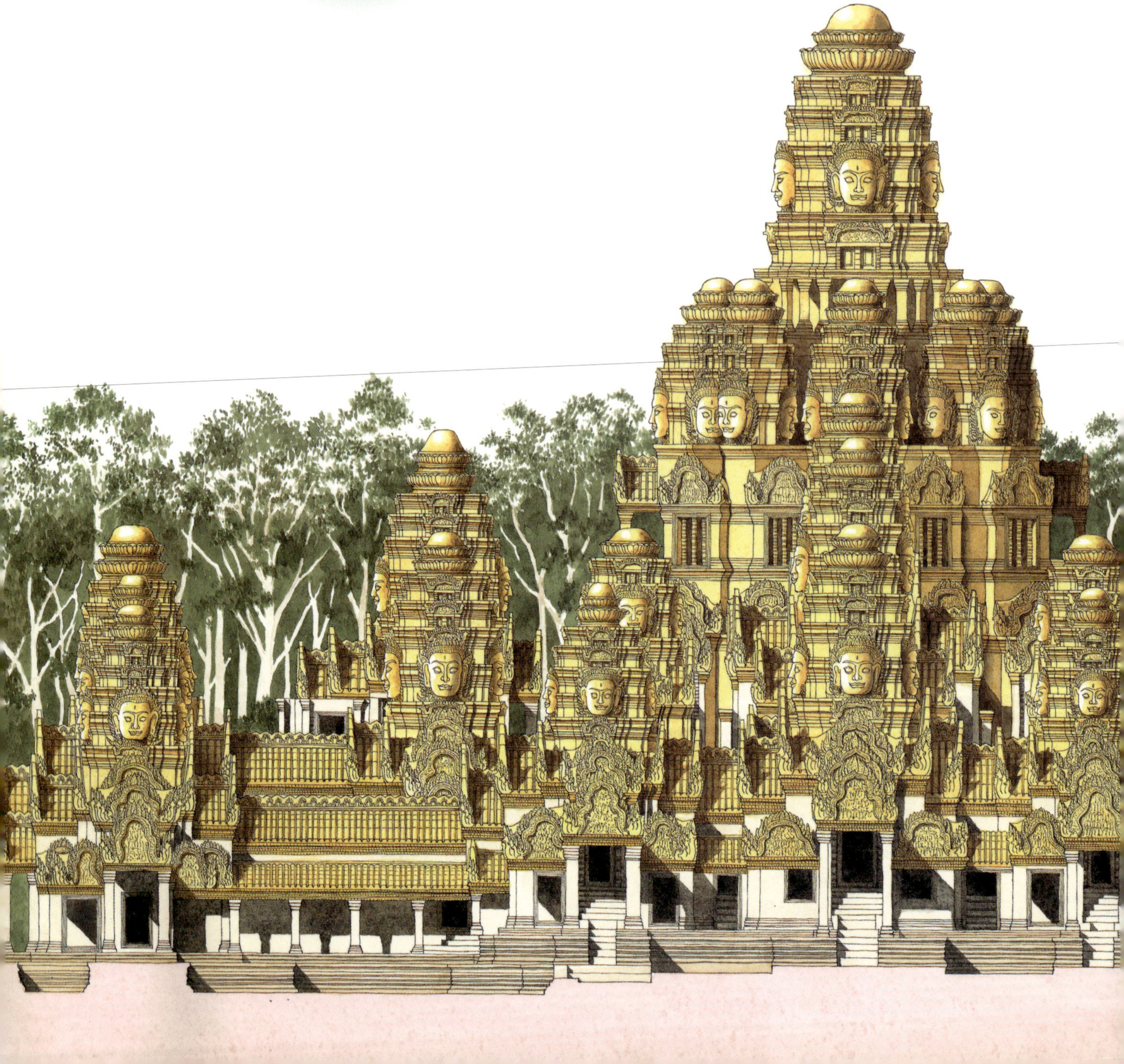

密林のなかにあった遺跡

　カンボジアの世界遺産はクメール民族の文化の粋をいまに伝えている。アンコール・トムは9世紀末から建設がはじめられた都城であり、12世紀のジャヤバルマン7世が現在のすがたにつくり上げられたと考えられている。ここには王宮とその前の広大な広場、そしてバイヨンの寺院が建つ。都城はほぼ正方形で一辺が3キロメートルほどである。周囲には幅100メートルほどの堀が巡らされていたが、現在は水が失われた部分が多い。この都城の中心に建てられているのがバイヨン寺院で、人面をもつ多くの塔が整然と並ぶ。その構成は中心の塔を囲む対称性の強いもので、中心の塔のなかには王と仏陀が合体したブッダ・ラージャ像が置かれていたと考えられる。人面の塔はバイヨンを特徴づける要素だが、謎も多く、現在も修復とともに調査がつづけられている。人面以外にも蛇のモチーフ、叙事詩的物語を描いた浮彫りや、複雑に巡る回廊など、見どころが多い。この遺跡の修復事業には日本の政府チームがカンボジア解放後、長らくかかわってきており、すでに完成したバイヨンのなかに建つ北経蔵の修復は、できるだけ伝統的な技法を用いて進められた。

　このアンコール・トムの都城には東西南北に門が開かれていて、南の門を出た道路が南東に位置するアンコール・ワットの大寺院の前に至る。この寺院は12世紀初めのスーリヤバルマン2世によってつくられたが、このときはヒンズー教の寺院であった。幅200メートルの堀を巡らせ、三重の回廊に囲まれた構成はそれ自体でひとつの都市のようである。このアンコール・ワットが仏教寺院に変わるのは14世紀になってからである。

　アンコール地域にはこれ以外にも広大な敷地をもつ多くの遺跡群が散在しており、それらは仏教遺跡、ヒンズー教遺跡など多様である。19世紀以来、フランスがこれらの遺跡の調査と記録、そして修復を進めてきたが、第二次世界大戦、そしてカンボジアがクメール・ルージュと呼ばれたポル・ポト派による支配下にあった時期、遺跡群には多くの地雷が埋められ、人が近づけない状態になってしまった。カンボジアの解放後、国家の復興と観光開発を兼ねた事業として、遺跡群の整備と修復が再開された。フランスや日本だけでなく、さまざまな国がこの修復に協力し、調査団や修復チームを送り込んでいる。かなりの遺跡群は熱帯の密林のなかに埋もれていたのだが、現在ではその多くは木が切り払われ、遺跡自体も修復が進められている。たしかに熱帯の樹木は太い根を張り、遺跡を押しつぶさんばかりに生長する。樹木との共生が遺跡の魅力を生み出している部分もあり、修復において樹木をどのように扱うかはなかなかむずかしい問題である。

象のテラス

　アンコール・トムにつくられた王宮の正面には、広場に面して広いテラスが張り出されている。それが象のテラスであり、その名はテラスの腰壁に施された象の浮き彫りから由来している。王宮の建物は失われてしまい、いまはテラスのみが残されるのみである。王宮前にはこの象のテラスと、癩王のテラスと呼ばれるふたつのテラスが張り出している。アンコール遺跡群は、表面は砂岩によって仕上げられているが、その内部は赤みを帯びた多孔質のラテライトと呼ばれる石を用いて築かれている。このテラスも同様の構造でつくられており、一部にラテライトが露出している部分もある。テラスの修復はフランスによって行われており、フランスは地盤を安定させるためにコンクリートの擁壁を築いてから石を積み直すという方法をとっている。

　このテラスの前の広場の東側には、ラテライトで造られたプラサート・スープラと呼ばれる塔が並んでいる。おそらくこの広場では、象を連ねた軍勢がパレードし、進軍していったことであろう。広場の中央から東に延びる道がアンコール・トムの都城を出るところに設けられた門は勝利の門と呼ばれていた。こうした都市計画をもった遺跡群は、巧妙な水利計画によって維持されており、都城の外には東西にバライと呼ばれる池が設けられ、水位を調整していた。アンコール・トムやアンコール・ワットを巡る堀も、建築群の排水システムも、微妙なバランスを保った水利計画によって成立していたのである。高温多湿の気候のなかにあっては、自然とのバランスを保つことが都市文明を成立させる根本要因なのである。アンコール遺跡群には、アンドレ・マルローも三島由紀夫も魅せられた。その将来は、こうした自然とのバランスの回復いかんにかかっている。

アンコール・トム　Angkor Thom

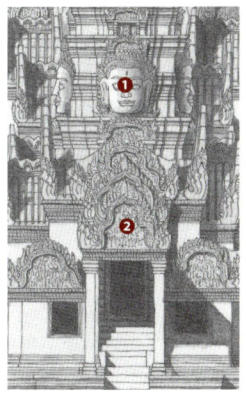

バイヨンの人面（①）
アンコール遺跡には人面の浮彫りをもつ門などがある。バイヨン寺院には四面に人面をもつ塔が林立している。これらが仏像なのかヒンズー教の神なのかについても正確にはわかっていない。それぞれの顔は微妙に微笑んでいるように見え、左右が微妙に非対称である。また人面をかたちづくっている石材も、非対称に組み合わされており、どのような工程でつくられたのかも興味の湧くところである。いま、これらの人面は訪れる人びとを謎に満ちた微笑みで静かに迎えている。

コーベル・アーチ（②）
アンコール遺跡の部屋や回廊の天井は、石を水平につぎつぎに迫り出していって最後に頂上をふさぐという手法で造られている。こうしたつくり方をコーベル・アーチという。クメール民族はすべての建物をコーベル・アーチでつくっており、橋や土木的な構造もこれによっている。これは石を扇形に組む半円アーチとは違って、あまり安定しない構造なので、多くの遺跡が崩れる原因になっている。しかし精緻な石造技術による大規模な構造物は、迫力に満ちている。

サント・マドレーヌ聖堂
BASILIQUE SAINTE-MADELEINE *Vezelay, France*

■遺産名
ヴェズレーの教会と丘
Vezelay, Church and Hill

■登録年
1988

巡礼路の聖堂

　フランスのヴェズレーに建つこの聖堂は、聖人マグダラのマリアの遺物を収める教会として信仰を集め、多くの信者たちが訪れる巡礼路の聖堂として有名だった。聖地エルサレムをめざす十字軍の騎士たちは、1147年と1189年の2回目と3回目の遠征の際に、この聖堂を軍勢の結集の場に選んでいる。

　様式的にはロマネスク様式からゴシック様式への移り変わりを示す建築として知られており、天井をすべて交差ヴォールトで架構している最初の建物である。はじめは木造の天井が架けられていたのだが、12世紀に徐々に改築されていまのような形式になった。天井を石造のヴォールトにしたものの、それを支える控え壁が十分に丈夫ではなかったので、のちに補強が加えられた。しかしながら入口まわりや内部の柱頭にはロマネスク時代の彫刻が残されており、彫刻史上重要な作品とされている。特に扉口上部にある「使徒に使命を与えるキリスト」の彫刻は、十字軍の騎士たちにとっては自分たちを力づけてくれる頼もしいキリスト像と思われたのである。

　この正面入口は向かって右側だけにサン・ミッシェルの塔と呼ぶ塔がつくられており、全体は変化に富んだ非対称となっている。後方の塔はサン・タントワーヌと呼ばれ、12世紀後半に完成されており、上の部分が壁ではなく柱が中心になって造られたゴシック様式を示している。中世の建築を訪れる楽しみは、長い時間をかけて建てられてきた、部分部分によって異なる様式を見比べながら歩くところにある。

修復事業の記念碑

　この教会は1840年から56年にかけてフランス中世建築の大家ヴィオレ・ル・デュクによって修復されたことで有名である。彼は中世建築の修復を多く手がけ、その構造に通じており、その権威は当時のすべての建築家たちが認めるところだった。パリのノートル・ダム大聖堂も、彼の手によって修復されたものである。

　当時荒れ果てていたこの聖堂を、彼は構造的に安定した一種の理想的中世建築に近づけた。南側の回廊はほとんど彼の手による再建である。ここでヴィオレ・ル・デュクは修復の手法をはじめて本格的に実践したのだった。古い建築を修復すると、ここも直したい、あそこも直したい、失われた部分はつくり直したいということになる。こうして修復はそれまでの建物をまったく新しいすがたの建物に変えてしまいかねない。こうした修復は現在では批判され、できるだけ創造による推測を加えたりせずに、最小限の修理に留めるべきだとされるようになってきている。

屋根の仕上げ（①）
聖堂の屋根はさまざまな材料で仕上げられる。瓦による仕上げはもっとも親しみやすいが、ていねいな仕上げだと鉛の板で葺かれる。亜鉛板が用いられる場合もある。またスレートの屋根も多い。ウィーンの大聖堂のように、色の異なるスレートを組み合わせて大きな屋根全面に装飾的なパターンを描き出すこともある。

アーケード（②）
聖堂内部には、中央の身廊部分と両脇の側廊部分を分ける柱の列が並ぶ。この柱列をアーケードと呼ぶ。建物の様式と構造がもっともよく現れるところである。下部はロマネスクで上部はゴシックなどということもあり、入口部分と奥の部分で様式が異なることも多い。サント・マドレーヌ聖堂では柱上部のアーチを、色違いの石を組み合わせて縞模様にしている。

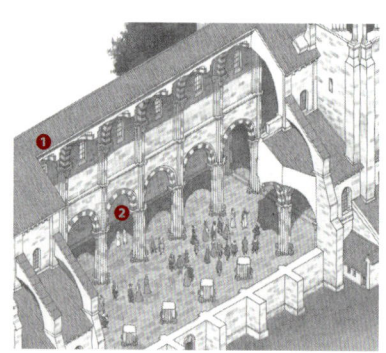

サント・マドレーヌ聖堂　BASILIQUE SAINTE-MADELEINE

ノートルダム大聖堂
Cathedrale Notre-Dame *Strasbourg, France*

■遺産名
ストラスブールのグラン・ディル
Strasbourg-Grande ile

■登録年
1988

ストラスブールの大聖堂

　フランスとドイツの国境にある町ストラスブールは、古代ローマ時代からの宿営地に起源をもつ都市で、その後もライン川の交通の要衝として栄えつづけた。ライン川、ローヌ川、マルヌ川を結ぶ運河の合流点であり、下流からの船運が物資を運び、それがここからさらに内陸へと運ばれてゆくのだった。その歴史は古代ローマから神聖ローマ帝国、ドイツ、フランスと目まぐるしく国境を変えながら現在にいたっている。交通の拠点であり、物資の集散地であるストラスブールと、この町を含むアルザス・ロレーヌ地方はそれだけに戦争のたびに獲得すべき目的地とされたのである。ドイツ領であるときには、この町はシュトラスブルクと呼ばれた。

　そうしたいわば不幸な歴史の副産物として、ここにはさまざまな文化の集積がもたらされた。グーテンベルクが活版印刷の改良を行ったのは15世紀のこの町においてであるし、ゲーテやメッテルニヒが学んだのは18世紀のこの町の大学であった。ゲーテはここでゴシックという様式を体験する。ストラスブール大学は現在もヨーロッパ屈指の学術の中心でありつづけている。ちなみにフランス国歌であるラ・マルセイエーズが1792年に最初に歌われたのもこの町でのことだったという。

　ストラスブールのノートル・ダム大聖堂はロマネスク様式の大聖堂が焼失した後、12世紀末から15世紀にかけてゴシック様式によって建設された。改築に着手したのは大司教ベルトルドであったが、具体的にこれを建てた工匠は1277年以後はエルウィン・フォン・シュタインバッハ（1244頃〜1318）であった。

　しかしながら、ゴシック中期の様式を示すこの大聖堂にはじつに多くの工匠がかかわっていたと考えられる。南側扉口の彫刻はフランスのシャルトル大聖堂の彫刻を手がけた職人が参加したと思われるし、正面の扉口はパリのノートル・ダム大聖堂とおなじ職人グループがかかわったと考えられる。16世紀につくられた天文時計も有名である。大聖堂のボージュ山地から切り出された砂岩によって建設された大聖堂正面は幅が51メートル、塔の高さは66メートルに及ぶし、正面北側に立つ尖塔の部分の高さは142メートルという超高層ビル並のものである。尖塔は正面両側に建てられる計画だったが、結局ひとつしか建てられなかった。南側の塔が建てられなかったのは地盤の問題であったといわれるが、ある意味ではここに石造によるゴシックの建設技術の限界がある。ここには工匠の国際的多様性の点においても技術的な挑戦の点でも、中世ヨーロッパの幅広い文化の交流と総合の粋が見いだされるのである。

薔薇窓（①）

聖堂の西正面中央を飾る円形のステンドグラスを薔薇窓という。聖堂中央の身廊部分は天井が高いので、その端の部分は正面入口の上に現れる。そこは教会堂の顔ともいうべき場所であり、内部に入って振り返るときにも焦点になる。この大聖堂の薔薇窓はエルウィン・フォン・シュタインバッハの手になる、幾何学的構成のはっきりした直径13メートルのものである。

尖塔（②）

聖堂の塔はストラスブール大聖堂のように正面に設けられる場合や、身廊交差部分に建てられる場合がある。塔はその頂部が細長く尖った形になって終わることがあり、この部分を尖塔という。それは町全体の象徴となるシルエットを大空高く描き出す。ストラスブールの尖塔はヨーロッパ最高の高さを誇った。

ピア（③）

聖堂の身廊を支える柱は複雑なかたちをしている。これは天井や両脇のアーケードを支えるリブの一筋一筋がそれぞれ柱から分かれ出てゆくようなかたちに柱をつくっているからである。その結果、聖堂内部全体が、流れるように連続する線の集合になるのである。ゴシック様式が構造を目に見えるかたちで表現する様式だといわれるのは、こうした工夫によるところが大きい。

天使の柱（④）

1225年から35年にかけて建てられたこの柱には、3段にわたって最後の審判の彫刻が施されている。この部分もまた、シャルトル大聖堂で働いた職人たちが制作したといわれる。ゴシック彫刻の最高峰と評価される名作である。

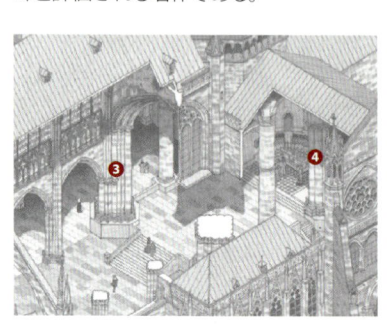

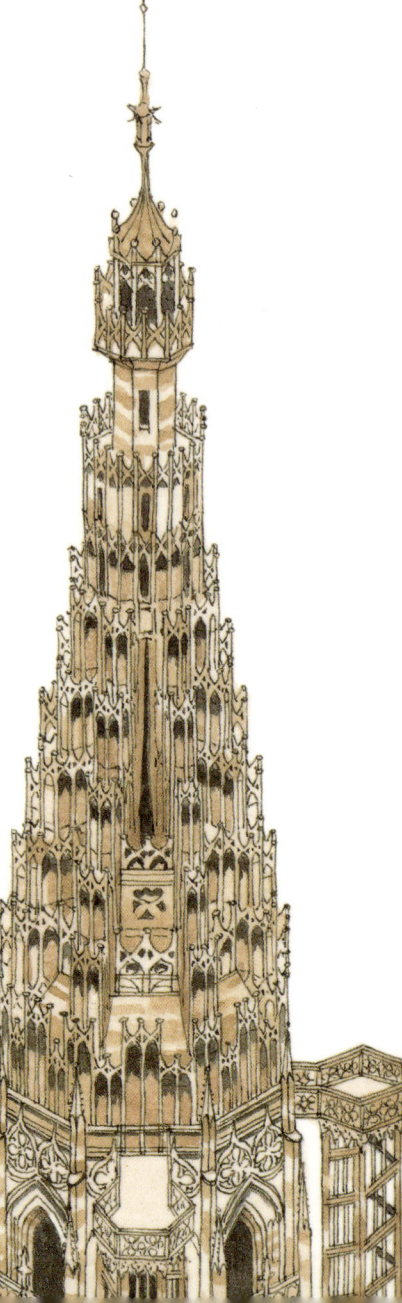

ゲーテとストラスブール

　ドイツの文豪ゲーテ（1749〜1832）は1770年4月にストラスブール大学に入学してこの町を訪れた。彼はライプチヒ大学で法律を学びはじめていたのだったが、その学問の完成を期してのことだった。ここで彼はヘルダーに会い、自己の世界を大きく広げたという。そしてこのストラスブール大聖堂の高さ、彫刻の迫力、そしてゴシック様式の力に圧倒された。そこには多くの矛盾する要素がひとつの全体性に統合されていることに圧倒されたのである。中世のイメージはヨーロッパにとって、自由とナショナリズムの古さとしてのそれであったが、若い時代のゲーテにとってはゴシック建築の圧倒的な存在感は、日常の生活を超えた超越的存在を感じさせるものだった。ゲーテは晩年になってから、ふたたび中世芸術に惹かれるようになったという。それはまた、自由とナショナリズムの象徴としてのゴシックではなく、もう少し自然な文化的故郷としてのゴシックであった。ストラスブールの大聖堂は、ゴシックの解釈の幅広さを受け入れる、多様性をもつ存在なのである。

ゴシック様式の変遷

　ロマネスク様式の後に登場するゴシック様式は、12世紀後半にフランス北部のサン・ドニ修道院教会からはじまったとされる。天井をリブという筋状の石材の組合せで支え、それらや窓を先の尖ったカーブを描くアーチ（尖頭アーチ）に組んでいくのがその構造の表現である。この様式はまたたく間にヨーロッパ全体に広がっていった。初期のゴシックはランセット式、このストラスブール大聖堂のような中期のゴシックはレイヨナン式と呼ばれる。末期のゴシックは曲線が炎のように曲がりくねるところから、フランボワイアン式（火炎式）と呼ばれる。イギリスのゴシックは初期のものが初期英国式、中期のものが装飾式、末期のものは垂直線が多くなるので垂直式と呼ばれる。

　ストラスブール大聖堂はロマネスク様式の部分を残すけれど、ドイツ的なゴシックの情念的彫刻と壮大なフランス的なゴシックの構成を併せもつ複雑な全体性を示している。ストラスブールの人びとはこの大聖堂を「わたしたちの貴婦人」と呼んで愛した。

アミアン大聖堂
Amiens Cathedral *Amiens, France*

■遺産名
アミアン大聖堂
Amiens Cathedral

■登録年
1981

最速・最大のフランス大聖堂

　フランス・ゴシックの最大規模の聖堂であるアミアン大聖堂は、全長145メートル、身廊の幅14.6メートル、天井高さ42.3メートル、延べ床面積約7,700平方メートルである。信者1,000人以上を収容できる広さであった。それ以前のロマネスクの大聖堂が焼失したため、1220年頃からゴシック様式による再建がはじめられ、1245年頃に外陣部分を完成、1258年には内陣のチャペルを完成、1288年までには主要部分が完成していた。これは驚くべき迅速さをもって工事が進められたことを意味する。事実、アミアン大聖堂より先に着工されていたランス大聖堂を追い抜いてこの大聖堂は完成していくのである。

　西正面の二つの塔も1400年頃までには完成された。中央の身廊交差部の尖頭は1528年以後の再建である。石切り場から加工されて整った形になった石材を運び、それを積み上げるという手法がとられ、建物のプロポーションも繊細なまでに細く仕上げられた。天井の高さも途中で3メートルほど高くするように変更され、さらにほっそりした内部の身廊が実現された。天井が高くなったので正面の壁面も大きくなり、そこには「諸王のギャラリー」と呼ばれる浮彫り彫刻群と、大きな薔薇窓が設けられることとなり、華麗な正面が出現した。中央入口の柱には聖母マリアが幼いキリストを抱く彫刻が立ち、その左右にはソロモンとシバの女王など、旧約聖書の物語が彫刻された。こうしてゴシックの王者といわれる大聖堂が生み出された。

フライング・バットレス（①）

ゴシック様式の特徴のひとつが、天井を支えるリブを外側から支える斜めの材であるフライング・バットレスである。途中で天井の高さを高めたアミアン大聖堂では、２段になったフライング・バットレスが天井を支えてその荷重を外側の控え壁に伝えている。

ピナクル（②）

控え壁の上に建つ小さな尖塔をピナクルという。全体が天に向かって延びていくように見えるゴシックの様式感覚がこうした細部にも窺われるが、これは控え壁の重しの役割も果たしているのだという説もあった。実際にどれだけ重しとして有効かははっきりしないが、あらゆる細部に意味を読み取れるのがゴシック様式である。

トレーサリー（③）

ゴシック様式になってから広く大きくなった窓には、ガラスを支える石の窓桟が嵌められた。これをトレーサリーというが、ここにはゴシックの時代的特徴がよく現れる。はじめは石の板に穴が明けられてガラスが嵌められていたのが、やがてガラスの面が極限まで広くなっていくのである。トレーサリーの曲線も時代とともに幾何学的なものから変化に富んだ曲線に変わってゆく。

放射状チャペル（④）

内陣部分の外側に、放射状に並ぶチャペルはそれぞれが聖人を祀る場所であり、ここに礼拝に来る人びとは自分が信心する聖人のチャペルでは特に念入りに礼拝する。これは日本の寺院でも見かける参詣風景といってよいだろう。人びとが滞らずに順次礼拝してまわれるのも、側廊が半円状に巡っているからである。

３層構成（⑤）

床から立ち上がるほっそりとしたピアの部分がアーケードで、その上に巡っているのがトリフォリウムと呼ばれる部分である。ここは周囲の側廊の屋根裏に当たるところなので光が取り入れられない。その上にある高窓の部分から光が差し込むのである。高窓には多彩な色ガラスを用いたステンドグラスが嵌められる。こうして身廊には色鮮やかな光が満ちることになる。

床（⑥）

アミアン大聖堂の入口に近い部分の床には大きな迷路模様が石のパターンで表現されている。中心の石版には着工年、大司教、国王、工匠の名が記されている。迷路は信仰の筋道を表すものといわれ、いくつかの聖堂で見ることができる。

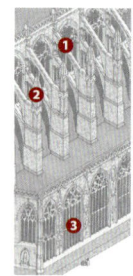
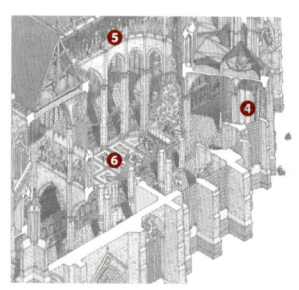

アミアン大聖堂　Amiens Cathedral

ラスキンとアミアンの聖書

　19世紀イギリスの評論家ジョン・ラスキン（1819〜1899）は中世ゴシック建築を評価し、その価値を広く世界に認めさせた。彼にとってゴシック様式は人びとが喜びをもってつくり上げた理想の建築だったのである。彼は中世を理想の時代と考えてそれを19世紀に再興することを夢見た。『建築の七灯』や『ヴェネツィアの石』は彼が建築を論じた名著である。彼の弟子であったウィリアム・モリス（1834〜1896）はラスキンの理想を実践に移してモリス商会をつくってデザインを実作した。こうした19世紀のゴシック評価の流れのなかでラスキンは、1880年に『アミアンの聖書』という著作を公表して、この大聖堂の彫刻群を論じた。彼にとってアミアン大聖堂は理想のゴシックであったのだ。ラスキンによるアミアン評価のこの著作が、マルセル・プルーストによってフランス語訳されたこともまた、興味深い出来事である。

アミアン大聖堂の構成

　ゴシックの聖堂の内部は身廊と側廊を分けるアーケードの上に、トリビューン、トリフォリウム、高窓という4層になって天井にいたっていた。しかしながらアミアン大聖堂の建設の頃から、トリビューンを省略して3層の構成をとる壁面がつくり出されるようになっていき、それが一般的手法となった。4層構成から3層構成への変化は、高窓を大きくし、内部を整然とさせるものだった。

　また、アミアン大聖堂では側廊を二重にして、奥の内陣部分ではそこに放射状に小さなチャペルを七つ張り出している。こうしたチャペルを放射状チャペルと呼ぶ。アミアン大聖堂での放射状チャペルの配置の仕方は、やはりこれ以後の大規模な聖堂の標準的な手法になった。アミアン大聖堂がフランスのゴシック聖堂に与えた影響の大きさは、細部彫刻の豊かさから、構造的な構成法、平面計画の手法にまで及んでいるのである。

サン・フランチェスコ聖堂
Basilica of San Francesco *Assisi, Italy*

■遺産名
アッシージ、聖フランチェスコ聖堂と関連遺跡
Assisi, the Basilica of San Francesco and Other Franciscan Sites

■登録年
2000

聖フランチェスコと修道院

　フランチェスコ派の修道院の創始者である聖フランチェスコは、1182年にローマの北に位置する山岳都市アッシジの町に生まれた。富裕な商人の子に生まれた彼は軍人としての道を志す。しかしながら彼は19歳の年にペルージアで捕虜となってから、軍人の道をあきらめ、1210年に自ら修道会を開くのである。「清貧」「純潔」「従順」の三つを戒律として、自ら清貧の生涯を送った彼は1226年に没する。その2年後、このサン・フランチェスコ聖堂の建設が開始された。この年の7月17日、彼が聖人に列せられた翌日法皇グレゴリウス9世が最初の礎石を置いて、工事がはじまった。1230年には下の聖堂が完成し、ここに聖フランチェスコの遺骸が移された。1253年には上の聖堂も完成した。聖堂の大きさに比べてあまりに短いこの建設期間は、当時の人びとが彼に寄せた思いの強さを示すものだといわれる。建物は中世末期の簡素な構成を示すが、その内部は多くの画家によって美しく装飾されていった。

　15世紀半ばには、ここにヨーロッパ中から多くの巡礼が訪れるようになり、いまもその数は衰えていない。いまも穏やかな雰囲気を残すこの町と修道院は、聖フランチェスコがその生涯を送った聖地として多くの人びとに力を与えているといわれる。

37

聖堂の被災と復活

　この聖堂は上下2層になった聖堂であるが、上の聖堂には聖フランチェスコの生涯を描いたジオットのフレスコ画28面があることで有名であり、とりわけ「小鳥に説教をする聖フランチェスコ」はよく知られている。聖フランチェスコは自然の美しさを讃えたイタリア語による詩をはじめてつくったといわれる詩人でもあり、さまざまな神秘体験をしたことが伝えられる。そのなかにはキリストの磔の際の傷と同じ瘢痕が体に現れる「聖痕」と呼ばれるものもあった。下の聖堂は天井が低いが、その分かえって荘厳で、堂内にはジオットのフレスコのほかにもシモーネ・マルティーニによる「サン・マルティーノの生涯」、チマブエによる「聖母子と聖フランチェスコ」などの作品も見られる。こうした芸術作品群によってここはイタリア芸術の精華をとどめた聖地ともなっていたのである。

　ところが1997年9月26日、アッシジを大地震が襲った。聖堂の天井2個所が落ち、フレスコ画はばらばらになってしまった。後世、鉄筋コンクリートによる補強を行っていたことが、かえって当初のドームの崩落をもたらしたといわれる。しかしながら貴重な芸術の復旧のために懸命な努力が開始され2000年にようやく修復工事が終了した。研究者たちは史料をもとに豆粒ほどの断片も大事に集めて壁画を復原した。建物はローマ大学のジョルジョ・クローチ教授の指導のもと、できるだけ当初の構造をいかすかたちで修復されたのであった。

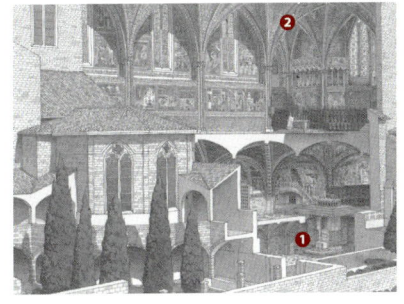

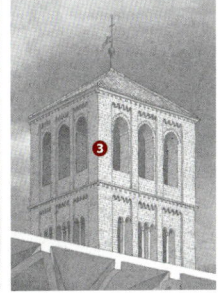

サン・フランチェスコ聖堂　Basilica of San Francesco

クリプト（①）
２層となった聖堂の下のほうは、クリプト（地下祭室）と呼ばれる形式の聖堂に近い。サンフランチェスコ聖堂の地下祭室は規模が大きいが、一般にも聖堂の地下には聖人や有力な信者たちの墓を収めた地下祭室が設けられることが多い。ひとつの建物のなかに天上と地下の世界をもつことによって、世界が完結する。

リブ（②）
天井を支える構造として、アーチ状の部材を架け渡して天井面をつくる手法がある。このときのアーチ状の部材をリブという。英語でリブは肋骨を意味するが、建築におけるリブも肋骨のように天井面を支える。リブを用いる構造が発展したところに生まれたのが中世のゴシック建築であり、これはルネサンスの聖堂のなかでも重要な役割を果たしているのである。

カンパニーレ（③）
聖堂に付属する鐘突き塔のことである。カンパニーレは建物の存在を遠くからも目立たせるし、そこから鳴り響く鐘の音は町中に聖堂の存在を知らせる。カンパニーレは上部に行くほど開口部が大きく軽くなっていく。上部を軽くすることは構造を安定させるが、同時に視覚的にも軽やかさを生む。有名なピサの斜塔もピサ大聖堂のカンパニーレである。

10 ケルン大聖堂
Cologne Cathedral *Cologne, Germany*

■遺産名
ケルン大聖堂
Cologne Cathedral

■登録年
1996

19世紀に完成した中世建築

　1248年に、それまでの大聖堂に替わる新しいケルン大聖堂の建設が開始された。しかしこの建物が竣工したのは、なんとそれから600年以上も後の1880年10月15日のことだった。

　13世紀にはじめられた工事は1320年に一段落し、内陣部分の献堂式が行われた。しかしその後工事のペースは落ち、身廊部分の屋根が架けられることなく、1560年にはついに工事が中断してしまっていたのである。本格的に建設が再開されたのは1842年になってからである。このときには1300年頃につくられていた設計図をもとにして工事が進められた。未完の中世をいよいよ完成するときがきたのである。19世紀のドイツは、中世以来の多くの諸領に分かれたままだった。近代国家として力をもとうとしていた当時のドイツには、国家統一をめざしてさまざまな動きがあった時代だった。そうした時代にケルン大聖堂の完成は、国家統一のシンボルとなる事業だと考えられるようになった。1871年にドイツ帝国が成立して国家統一が実現した。その9年後に大聖堂は完成するのである。起工からじつに632年後のことだった。ここにはプロイセン国王、バイエルン国王など、ドイツを構成するそれまでの諸領からの寄進や援助が込められている。

　この大聖堂はフランス・ゴシックの大聖堂、特にアミアン大聖堂を手本にしたと考えられている。北フランスで完成したゴシック様式が本格的にドイツで採用されるようになったのである。けれどもケルンでは、左右の交差身廊を86メートルまで長くし、正面に157メートルの高さをもつ2本の鐘塔を設けることによって、威圧的なまでに壮大なゴシック様式が実現した。大聖堂の高さとしてはウルム大聖堂についで、世界第2位を誇る。19世紀はゴシック・リバイバルの時代と呼ばれ、ヨーロッパ各国で新築の建物にゴシック様式が数多く採用されたが、その多くは整然としすぎていると感じられる。ケルン大聖堂も機械的と思えるほど整っており、正面の左右対称性も強すぎるほどである。近代がはじまっていた19世紀に中世の精神を再興することは不可能だったのかもしれない。けれどゴシック様式は、ヨーロッパ諸国にとってそれぞれに自国の文化的源泉を示すものと感じられ、ナショナリズムの表現として採用されたのだった。ケルン大聖堂は多くの聖遺物や中世以来の宗教芸術を内蔵する本物の中世建築であると同時に、19世紀的ナショナリズムの記念碑でもある。

41

ゴシックの垂直性

　ゴシック様式は垂直性が強いといわれる。中央部の身廊の天井の高さが40メートルを超え、塔の高さが150メートルを超える例がドイツやフランスの大聖堂ではいくつも見られるのだから、高さへの夢は確かに存在していたのであろう。それを可能にする技術として、建物の重量を支える仕組みを外へ、外へと出していくシステムもその工夫のひとつである。フライング・バットレスという梁を空中に架けて中心部の力を外側に伝え、塔などの高い建物は下にいくほど太くなるバットレス（控え壁）で支える。その結果建物は上部が細い、尖ったシルエットの建物になる。天井を支えるリブと呼ばれる部材も、窓ガラスを支えるトレーサリーという部材も、みな上部が尖った尖頭アーチ型をしており、それらがさらに垂直性を強める。そしてすべての工夫が建物の外観に現れている。全体から細部にいたるまで同じ精神で統一された建築様式がゴシックであり、そこに垂直性が現れてくるのである。こうした整然とした精神にあこがれて、19世紀の建築家たちはゴシック・リバイバルに熱を上げたのだった。鉄とガラスを強調した現代のハイテク建築とゴシック様式は、その精神において共通すると指摘する専門家も多い。

中央祭壇（①）
大聖堂のかたちをした祭壇が中央に据えられている。ここにはキリストの誕生を祝福した東方の三博士の柩といわれるものが収められている。聖人ゆかりの品である聖遺物は多くの教会に納められており、それを目指して信者たちが参詣することになる。12世紀末の作という東方三博士の柩はヨーロッパ最大の中世金属装飾品という。

西正面中央（②）
ケルン大聖堂は中央の身廊の左右にひとつずつ側廊がつく3廊型式の聖堂であるから、中央扉がもっとも重要な入口になる。1855年に完成した西正面は19世紀ゴシックの力作彫刻で飾られている。主題は旧約聖書から採られ、アーチの部分には天使と天体が浮彫りされている。

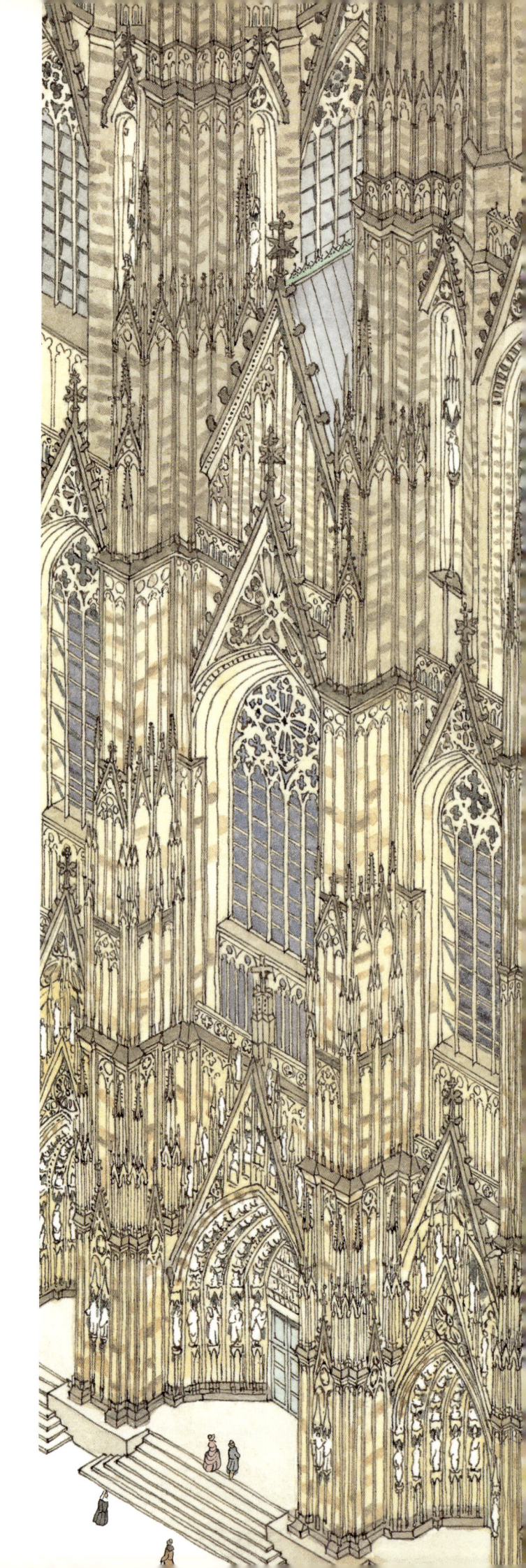

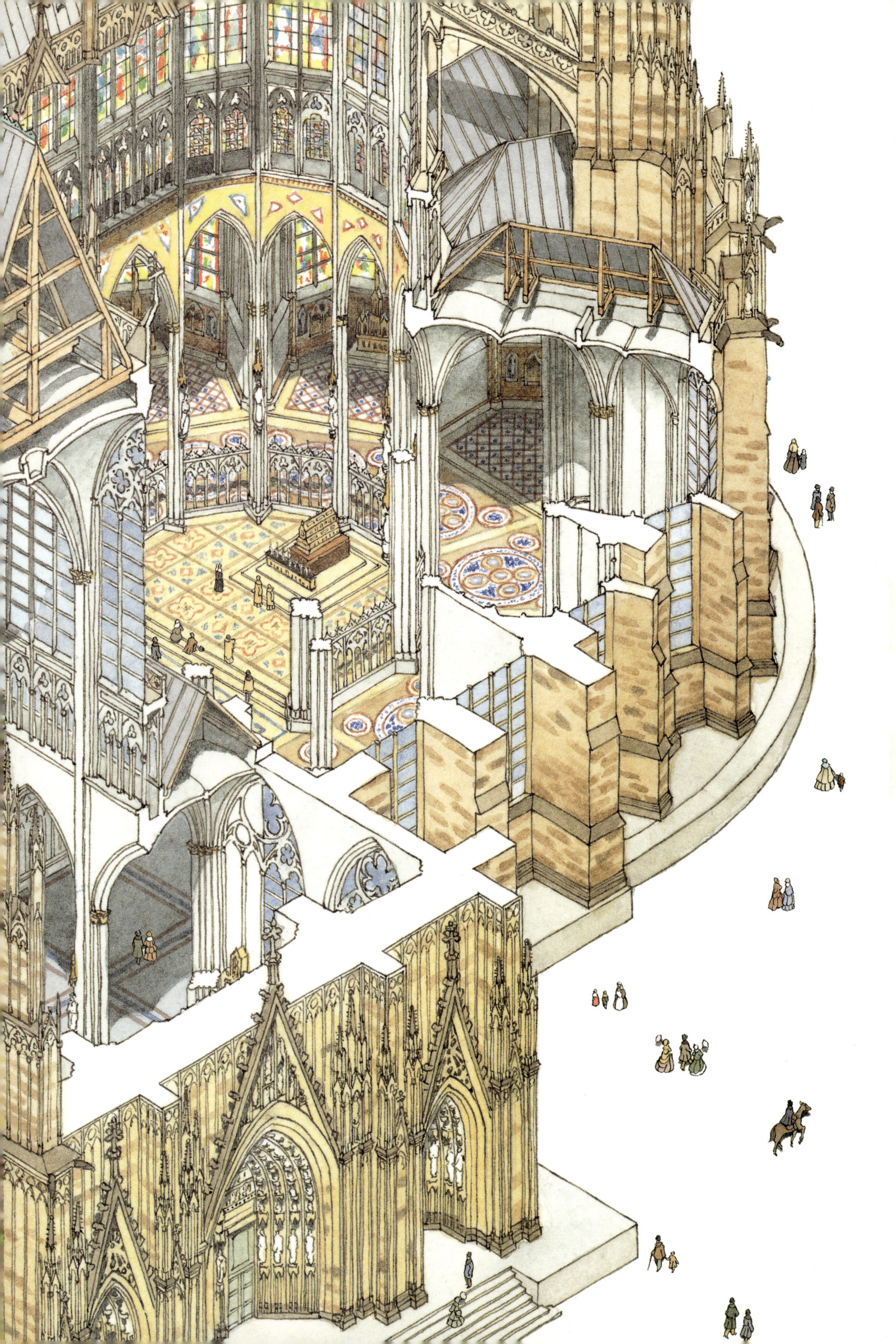

サナア旧市街
Old City of Sana'a *Sana, Yemen*

■遺産名
サナア旧市街
Old City of Sana'a

■登録年
1986

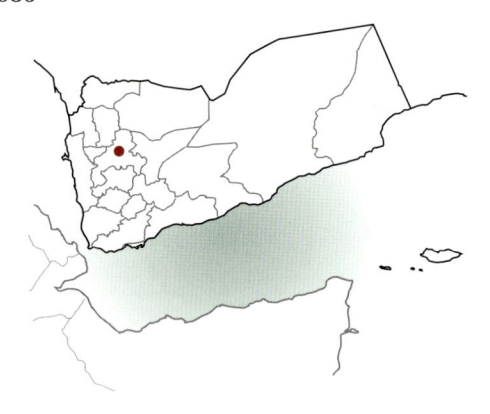

アラビア半島の古都

　サナアはイエメン共和国の古都であり、ムハンマド（モハメット）が630年に創設したという大モスクをもち、塩市場（スーク・アル・ミルフ）を中心に高密度な町が形成されている。塩市場とはいえ、ここには塩だけでなくさまざまな商品が扱われるスーク（市場）が形成され、とりわけ銀製品の質の高さは有名である。スークには隊商宿（キャラバンサライ）の一種であるサムサラが建っており、ここでは1階に商品が収められ、2階に宿舎と税金の徴収所が設けられていた。徴税人は警察も兼ねており、不正や争議を監視していた。スークでは争いを行わないという教えが生きつづけたので、ここには戦闘による破壊は及ばなかった。したがってここは、過去の歴史を色濃く留めた町のたたずまいが残されている。また地震もなかったので日干しレンガでつくられた建物も、よく残っている。イスラムの都市にとって、モスクとスークはなくてはならない要素だ。

　旧市街には城壁が巡らされ、要所要所に監視のための円塔が建てられている。現在はその西側に新市街が広がっているが、この部分もかつては城壁によって囲まれていた。

　高度が2,300メートルあるので、アラビア半島の町でありながら気候は涼しく、生活環境は良い。こうした場所に町がつくられたことが、サナアを豊かな伝統の土壌とした。ここに大家族が居住する伝統的な5～6階建ての住居が林立するさまは壮観である。サナアには近代とアラビアン・ナイトの世界が同居する都市景観がある。

45

サナアの住居

　イスラム世界の住居は、大家族制のもとに形成されるものが多く、サナアの住居も1棟に数家族、40人もの人びとが生活する例がある。1階にはヤギなどの家畜が飼われ、階高の低い2階は農機具などの物入れが貯蔵庫に使われ、3階には台所や使用人のための部屋が設けられ、その上の階に家族が住む。女性は他の男性に顔を見せないようにするので、男の来客があった場合に女性たちが集まる専用の部屋も設けられている。最上階にはマフラジと呼ばれる男性専用の部屋があり、ここは贅沢に飾られる。

　いわば家のなかの特別室で、男たちが特別の行事のときにはここに集まる。1階や2階部分は花崗岩や玄武岩の石材が用いられることもあるが、上階は日干しレンガでつくられ、表面は内部・外部ともに窓まわりなどを漆喰で仕上げ、それが魅力的な装飾になっている。カマリア窓と呼ばれる小窓の周囲や屋根の周囲に施される漆喰模様が家の富を表し、町に活気を添える。

　漆喰は建物の装飾だけでなく、防水や補強にも役立つ。内部はアーチと梁を併用して床を張り、中層建築を実現している。なかには8階建ての住居もあり、エレベーターや給排水施設の不十分な建物としては限界にまで到達している。古代ローマ、イスラム世界、そして19世紀前半までのパリのアパルトマンなどは、みな工業化される以前の文明の極限的建築を生み出していたのである。

カマリア窓（①）
サナアの住居にはアーチのついた装飾的な窓が目立つ。このような窓には細かい格子が嵌められ、ステンドグラスが用いられる。これがカマリア窓である。一般にイスラム世界では女性を他の男性の視線から隠すので、窓も小さくするといわれる。格子も視線をさえぎるための工夫である。これは外部の熱気を防いだり、防御上の理由ももっているが、そうした結果が建物の外観上のアクセントともなっているのである。

スーク（②）
イスラムの都市はスーク（市場）を中心に形成されているものが多い。サナアのスークは塩の市場を核として、さまざまな商品を扱う40もの区画に分かれている。ユダヤ人の銀細工が有名だったが、第二次世界大戦後のイスラエル建国とともに彼らは去った。しかしその伝統は地元に受け継がれている。その他イスラムの男性が身につけるジャンビアという短剣を扱う店もある。ジャンビアは護身用であり装飾でもある。

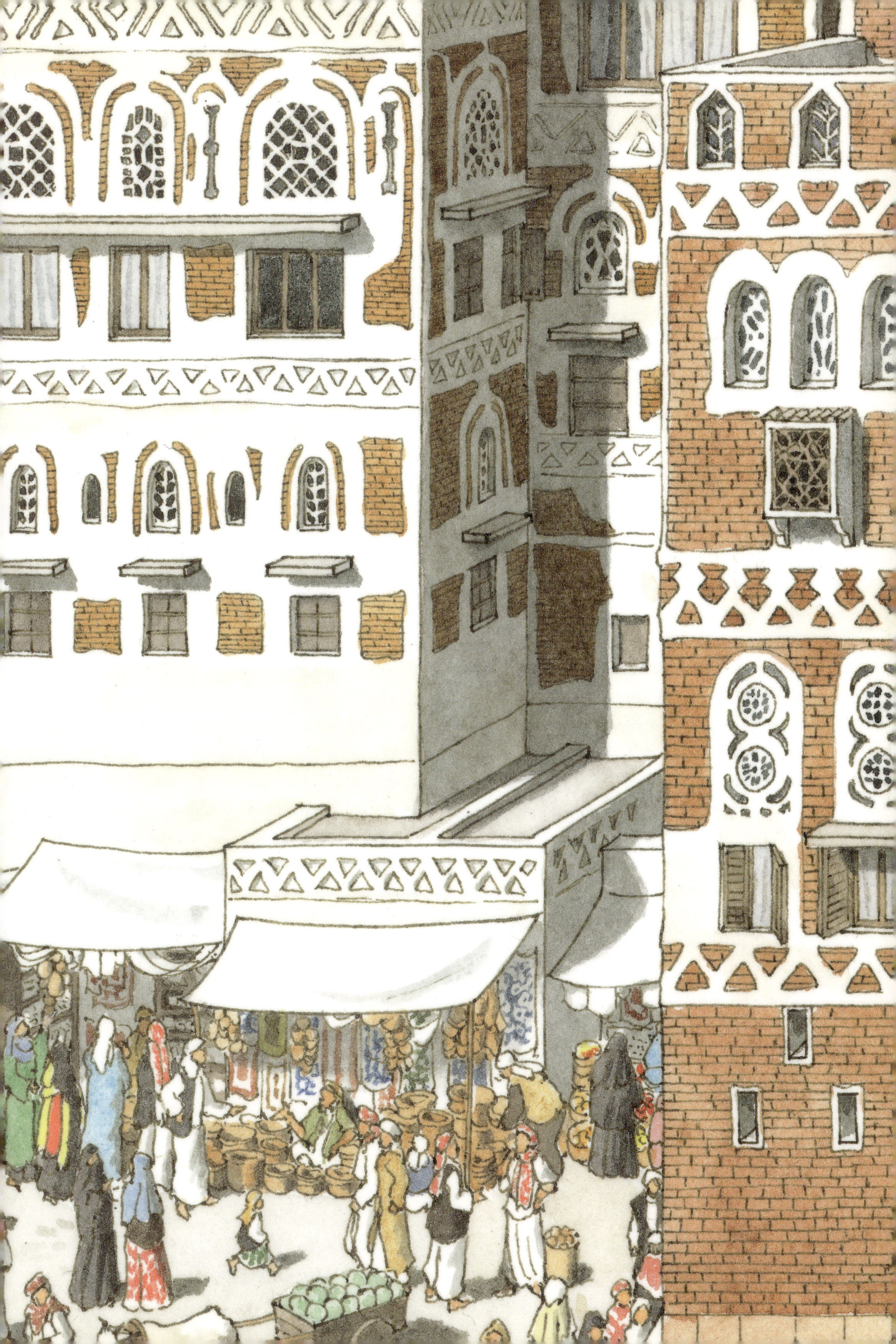

シャンボール城

Chateau de Chambord *Loire, France*

■ **遺産名**
シュリー・シュル・ロワールとシャロンヌ間のロワール渓谷
The Loire Valley between Sully-sur-Loire and Chalonnes

■ **登録年**
2000

フランソワ1世様式の精華

　左右対称形のこの城館は、もともとは小規模な狩りのための施設だったといわれるが、フランソワ1世が1519年から大規模な建設工事を開始して延々と工事をつづけ、それは1世紀以上にもわたった。結局いま見るかたちになったのは1685年頃だった。フランソワ1世はイタリア人建築家で「ル・ボッカドール」と呼ばれたドメニコ・ダ・コルトナに計画させ、イタリア・ルネサンスの要素をフランスにもち込んだ。この城館の中心部にはドンジョン（天守）が設けられ、周囲を回廊が囲み、城の体裁を整えている。また、天守の中心には二重螺旋の階段がつくられており、これは1516年以来フランスに招かれていたレオナルド・ダ・ヴィンチのデザインだともいわれている。こうしたところにルネサンスがフランスに伝わった証しが見られるのである。事実、この城館の構成は整然としており、完全なかたちを求めたルネサンス的な雰囲気が感じられる。壁面にもイタリア・ルネサンス的な柱の構成が見られる。

　しかしながら屋根は円錐形で傾斜は急で頂部にランタンという明かり採りの小塔がついている。そこに何本もの煙突がたかだかとそびえ立っている。しかもその煙突には派手に装飾が施されている。急な屋根は雨の多いフランスの気候によるものであり、煙突もアルプス以北の冬の寒さに備えたものである。その結果、この城館は壁まではルネサンス的で、屋根から上はフランス的だといわれる。そしてこの独特な持ち味が、その後フランソワ1世様式と呼ばれるようになるのである。フランソワ1世様式は、フランスが中世を脱して、新しい建築表現をもったことの証明なのである。

　先にも見たように城館には天守が設けられ、それぞれの隅には張り出しが設けられて、城としての外観を備えているが、実際には王のための晩餐会や舞踏会のための館だった。ここでは1539年に、神聖ローマ帝国皇帝カール5世を迎えて盛大な舞踏会が開かれている。こうした華麗な城館はシャンボール城の建つロワール川流域に多く点在し、いまでは城巡りの観光地として多くの人びとが訪れている。

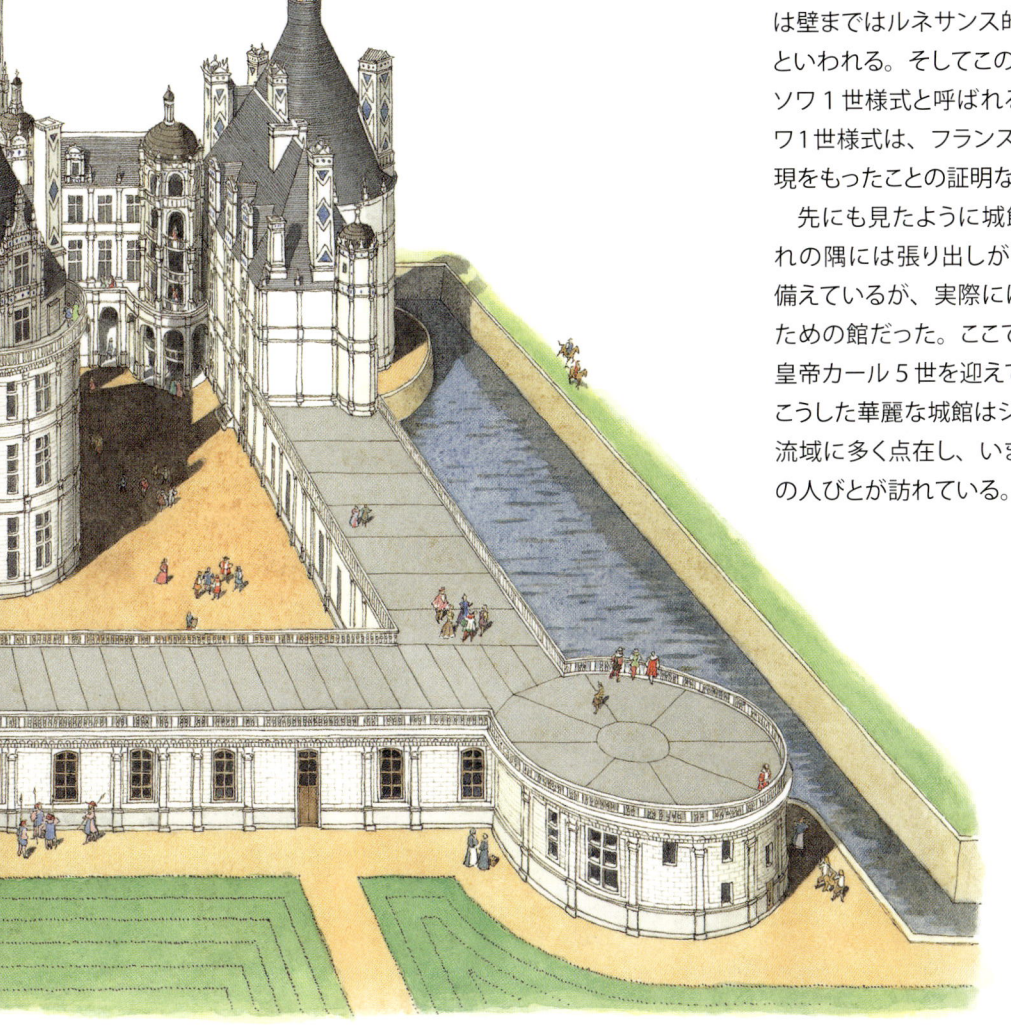

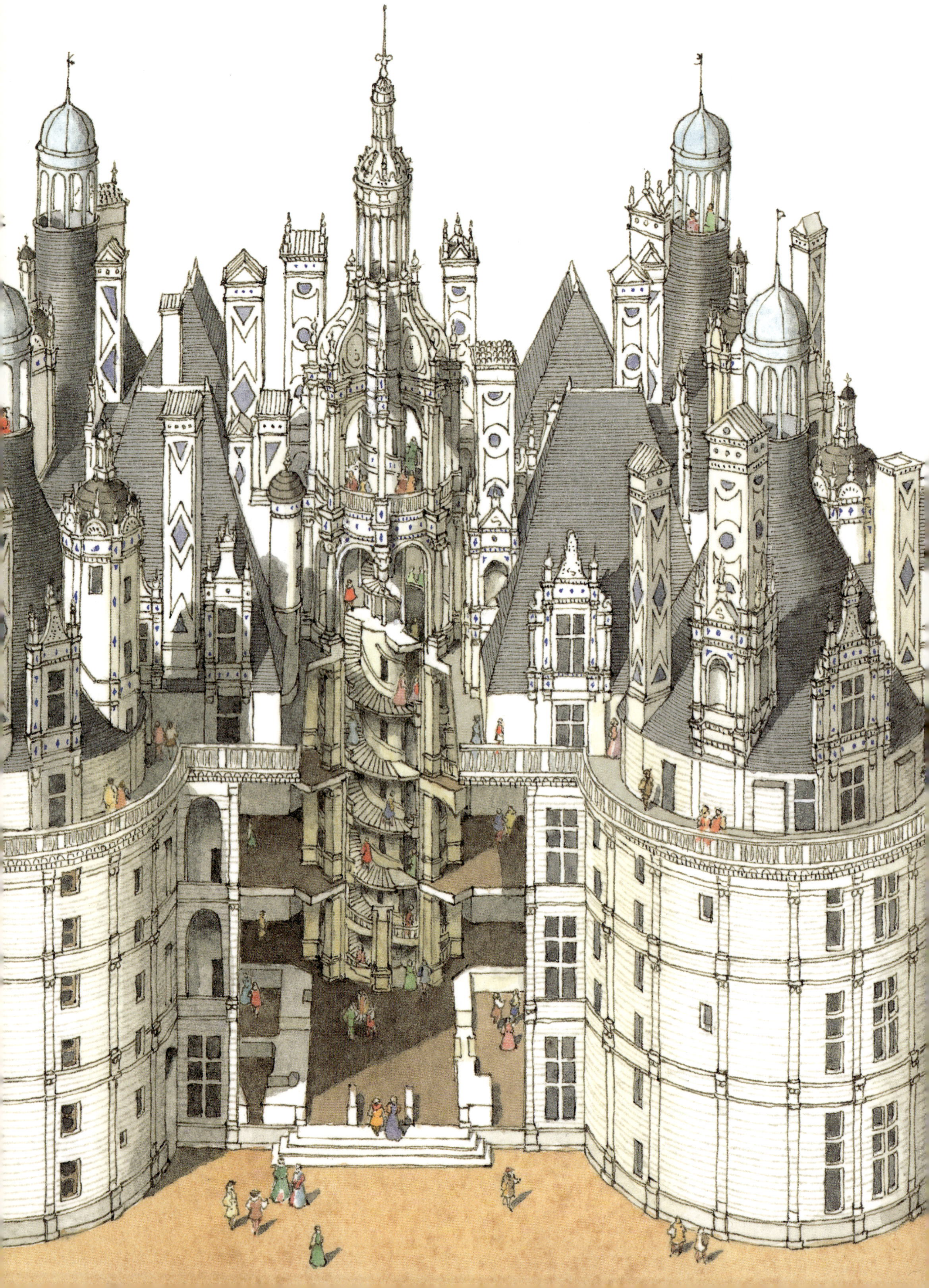

シャンボール城　Chateau de Chambord

シャンボールからの影響

　フランス第一の長さを誇るロワール川流域には、数多くの城館が点在することで知られる。それはこの川が交通の要衝であり、豊かな土地であったことによる。シャンボールの城館はそのなかでも最大の規模をもち、白眉とされる名城である。部屋は440室を数え、煙突の本数は365本という。煙突の数は暖炉をもつ部屋の数に等しいとされるから、およその規模関係は合う。また、屋根には小さな円塔も林立しているのが目につく。

　こうした特徴をもつフランソワ1世様式は、19世紀末になってヨーロッパ諸国でリヴァイヴァルされる。ロンドン近郊のロイアル・ホロウェイ・カレッジという、現在はロンドン大学の一部となっている建物は、シャンボールの写しといってもよいほどのものである。もっともこちらは赤レンガの外壁をもつが。そうしたリヴァイヴァルの流れから、東京駅丸の内本屋の意匠の一部も生まれていると考えられるのだ。シャンボールの影響力は、意外にも長く広いものだと考えられるのである。

二重螺旋階段（①）
シャンボール城の中心部分に位置する二重螺旋階段は、レオナルド・ダ・ヴィンチのスケッチに見られるアイデアの実現ともいわれるが、確証はない。むしろこの階段室が対称性のはっきりした城館の平面上の中心に据えられていることに注目したい。ルネサンスの理想都市に見られるような、強い求心性がここに認められるところが興味深い。

破風飾り（②）
シャンボール城の屋根窓には装飾性豊かな破風飾りが見られる。これもまたフランソ1世様式の特徴のひとつである。装飾的な破風飾りをもつ建築はオランダやドイツにも見られる。軒を水平に揃えるイタリア的な建築と、アルプス以北の屋根に飾りの多い建築との出会いが、フランスのルネサンスのあけぼのといわれるこの建物でも、こうした部分に現れるのである。

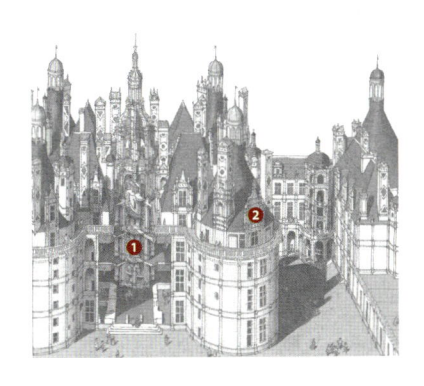

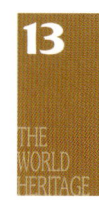

13 バジリカ
Basilica *Vicenza, Italy*

■遺産名
ヴィチェンツァ市街とヴェネト地方のパッラーディオ様式の邸宅群
City of Vicenza and the Palladian Villas of the Veneto

■登録年
1994、1996

パッラーディオの技法の粋

　イタリア北部のヴィチェンツァの町は、マニエリスムの建築家A・パッラーディオが活動したことで知られる。マニエリスムという言葉はマニエラ（手法）からきている。このマニエリスムとはルネサンスの技法をルネサンスの巨匠たちの作品に学んで、さらにその応用範囲を広げていった時期を指す。その手法の中心になるのは、オーダーと呼ばれる円柱の形態とプロポーションの体系の応用範囲の拡大である。

　ヴィチェンツァのバジリカは1444年に建てられた市庁舎の外周部を増築して、ルネサンス風の裁判所に改造したものである。つまり増改築工事というわけである。パッラーディオは競技設計によって選ばれた。バジリカという名称は、古代ローマに建てられた集会や裁判のための公共建築の名前に由来する。後に初期キリスト教の教会建築にもこのバジリカという名前が使われるけれど、直接的な関係はなさそうである。

　さて、パッラーディオはこの増改築工事で何を行ったか。建物の内部はもともとの中世末期の建物をそのまま残している。周囲のアーケード部分が彼の仕事である。曲面を描いた屋根やゴシック風の尖頭アーチを描く窓などをもつ壁面は中世末期のものである。こうした中心部分に残されたもとからの建物は、正確には長方形ではない。歪んだ建物に外周の仕上げを施して美しい建物によみがえらせる仕事は、現代的なコンバージョンだといえる。パッラーディオは「パラディアン・モチーフ」あるいは「セルリアーナ」または「ヴェネツィアン・ウィンドウ」などと呼ばれるモチーフを採用して、問題を解決した。これは柱と柱の間に一回り小さなアーチを組み込むもので、その美しさと応用範囲の広さから、後の時代の無数の建築に使われるようになった。

　パッラーディオはバジリカの建つヴィチェンツァの町の近郊に、多くのヴィッラと呼ばれる貴族の邸宅を設計した。それらはルネサンスの建築をさらに洗練して、その応用の可能性を広げたものとして影響力をもった。その影響は英国にもっとも強く及び、「パラディアニズム（パッラーディオ主義）」と呼ばれる流れを生み出したほどであった。

53

アーケードの魅力

　バジリカはヴィチェンツァの町の中心広場に建っている。この建物は公共建築として重要であるばかりでなく、都市の中心として広場全体の焦点にもなっているのである。こうした性格を実現するために、ここでは中世末期の建物の周囲にアーケードを巡らしている。アーケードは日差しや雨を避け、建物と外部を緩やかにつないでくれる。バジリカの魅力はこのアーケードによって建物と都市とを結びつけ、都市広場の要素としているところにある。パッラーディオが参加した設計競技はこうした条件を実現するために行われたものだった。そこにこの時代のひとびとの都市への思いの高さが感じられる。都市文化とはこのような配慮を町の人すべてが共有するところに生まれるものなのだ。

　西欧の建物は建物の内部と外部がはっきりと分かれており、日本の建築のようなあいまいな領域がないといわれるけれど、アーケードは内部と外部の中間領域をつくり出す重要な要素である。パッラーディオはこうした要素に、奥行きと変化をもった創造を行った。この創意は彼の証しとしていまでも多くの人びとに愛されている。

パラディアン・モチーフ（①）

２本の円柱とアーチの組合せがパラディアン・モチーフの基本的要素である。アーチは柱の間隔より狭いので、それは小さな円柱で支えられている。アーチの両脇にはアクセントとなる丸い穴が明けられている。両脇の柱の間隔はバジリカの建物の場合、同じではないのだが、アーチと柱の間を調節することによって同じ納まり方を保てる。ここでも２階の隅にはアーチ脇の丸い穴がないところもある。これは柱と柱の間が狭いからである。バジリカの１階の柱にはトスカナ式のオーダーが使われており、このオーダーは柱の上のフリーズという部分に、トライグリフという縦溝のついたモチーフとメトープというモチーフが交互に配置されるので、柱の間隔を微調整するのがむずかしいが、うまくまとめている。

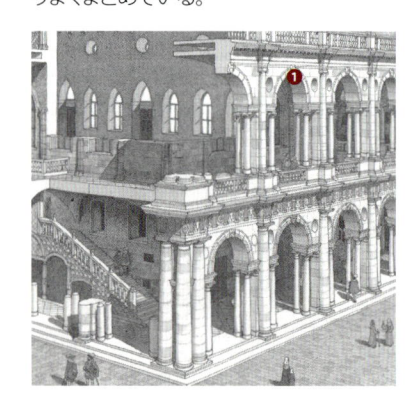

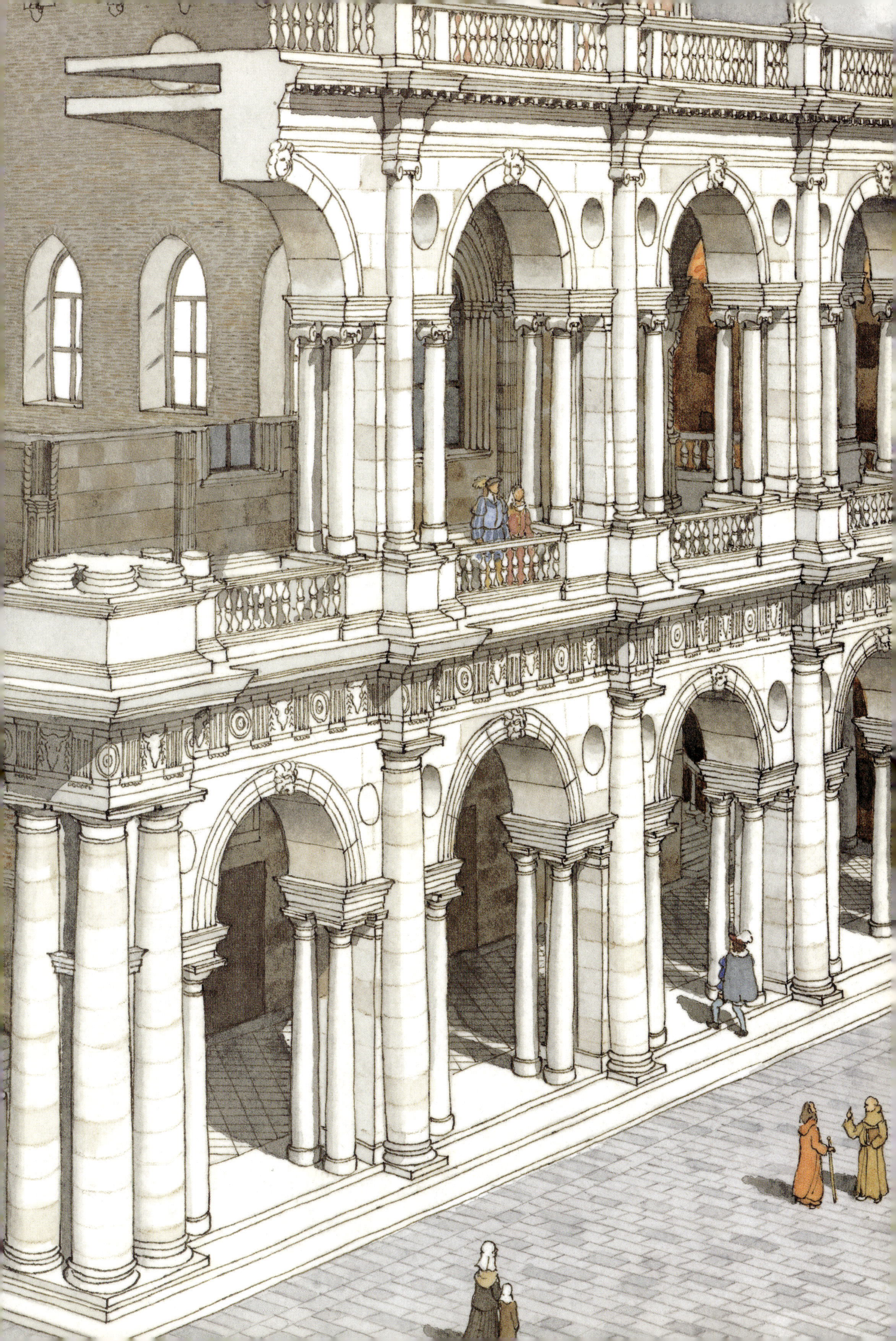

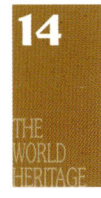

エスコリアール宮殿
Escorial *Madrid, Spain*

■遺産名
マドリードのエル・エスコリアル修道院とその遺跡
Monastery and Site of the Escorial, Madrid

■登録年
1984

修道院であり王宮

　スペイン最盛期の国王フィリペ2世（1556-98）は父王カルロス1世（神聖ローマ皇帝としてはカルロス5世）の追悼と、スペイン生まれの聖人ラウレンティウスとに捧げて造営したのがこの修道院であり宮殿でもある建物（正式にはサン・ロレンソ・デ・エル・エスコリアール王室修道院）なのだ。正面206メートル、奥行き209メートルというじつに壮大な修道院で、古代ローマ皇帝の宮殿にせまる規模をもっている。事実、これはユーゴスラヴィアのスプリトに残るディクレティアヌス帝の宮殿に匹敵する大きさをもっているのである。

　敷地は新しく定めた首都マドリードの近郊に選ばれ、ミケランジェロの弟子であったファン・バウティスタ・デ・トレドがナポリから呼び戻されて設計に当たり、それを助手のファン・デ・エレーラが引き継いで完成した。構成は中央奥にドームを戴いた聖堂を据え、ここに国王の墓所が設けられる。また、聖堂の奥には小王宮がつくられていて、フィリペ2世はここに寝室を設けた。ここのベッドに寝たまま、国王がミサに列席できるような工夫だったといわれる。建物全体を見ると、正面の右手が修道院、左手奥が王宮となっており、左手には神学校、図書館なども設けられている。この巨大複合建築はその大きさにもかかわらず1582年、工事開始からわずか21年で完成した。当時のスペインの財力と、国王の意志の強さの賜物であろう。竣工したこの建物には宮廷や官庁も移転し、フィリペ2世は21年間、ここを王宮として過ごすことになる。

　建物群は十字形を基本として構成され、建物の棟と棟との間にはそれぞれ中庭が設けられている。地中海沿岸地域の中庭中心の建築の伝統が、この複雑な建築をまとめ上げているのである。内部の装飾は華麗であっても、建築群全体は堅固な花崗岩で仕上げられて荘重であり、フィリペ2世のハプスブルク家にかわって後の時代の当主となったブルボン家の王たちはこれを「死の王宮」と呼んで嫌うことになる。けれども四隅に角塔を建て、中央に聖堂のドームがそびえる構成は、左右対称を守ってあくまでも威厳に満ちている。王宮の多くは王朝の交代で未完に終わることが多いのだが、これは理想の王宮がそのとおりに完成した珍しい例といえる。

57

58

| エスコリアール宮殿　Escorial |

集中式の聖堂

　エスコリアール宮殿の聖堂は中央にドームが建ち上がり、前後左右の内部空間の奥行きが等しい十字形（ギリシア十字形）をしている。こういう縦横ともに対称形の建物を集中形式という。もっともこの聖堂には入口部分に2階建てのナルテックス（玄関廊）がついているので、全体の外観は縦長になっている。中央祭壇の真下にはカール1世の柩が納められ、ミサが行われるときにはつねに前国王の柩に対してミサが行われるという形式になっている。集中形式は完結したかたちの建物としてルネサンス期に好まれ、ここでもローマのサン・ピエトロ大聖堂を意識してデザインがされたという。実際には十字形を組み合わせて宮殿全体をつくり上げていくという方針のなかで、この形式が採用されたのであろう。しかし聖堂のドームは宮殿全体のかなめとしてそびえ立っている。

ランタン（①）
ドームの頂部に明かり採りと飾りをかねてつけられる小塔をランタンという。明かり採りのランプをランタンというのと同じである。ドームのアクセントとしてデザイン上工夫されるところである。ここでは垂直性を強調したデザインが見られる。

ドラム（②）
ドーム下の円筒形の壁体部分をいう。日本語では鼓胴部という。ドラムも鼓も、かたちが太鼓のようなかたちをしているところからきた名称である。ドームは円形だからその下のドラムの部分でしっかりとした円形の基礎をつくることがドーム構築の必要条件である。外側から見ると、ドラム部分には付け柱を並べアーチで窓を開け、ドームに釣り合った基壇が形成されている。

ペンデンティヴ（③）
ドームを建ち上げるためには、ふつう正方形に配置されたその下の壁や柱の上に、球面状の壁を建ち上げてドームの基盤を用意する。この球面状の壁がペンデンティヴである。これによって建ち上げられたドームをペンデンティヴ・ドームという。ドームの建ち上げ方にはほかにもスキンチと呼ばれるやり方があるが、ペンデンティヴ・ドームがもっとも完成された手法である。

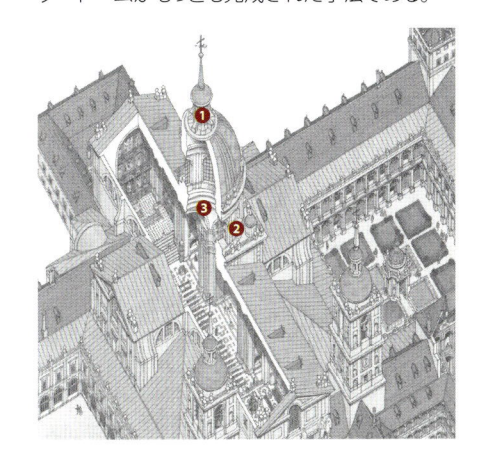

ナポリ王宮
Palazzo-Reale *Napoli, Italy*

■遺産名
ナポリ歴史地区
Historic Centre of Naples

■登録年
1995

歌劇場をもつ王宮

　イタリア南部最大の都市ナポリは、ヴェスビオス山のふもとに位置し、イタリア半島西側のティレニア海のナポリ湾に面する港町である。ここからはシチリアをはじめとするさまざまな航路が開かれている。イタリア民謡として有名なサンタルチアの名をもつ海辺もそばにある。ちなみにヴェスビオス山の噴火で滅び、19世紀以降発掘されている古代ローマ都市であるポンペイの町は、ヴェスビオス山を挟んでちょうどナポリの反対側に位置する。ナポリは13世紀末にアンジュー家の支配下にナポリ王国として成立し、シチリア王国と合併・分離を繰り返した歴史をもつ。「ナポリを見て死ね」という言葉があるくらい、ナポリは風光明媚で歴史と文化の豊かな町であり、見どころも多い。喧騒にあふれた下町的風情もナポリの魅力である。

　そうした町の中、ナポリ王宮はカステル・ヌオヴォという城塞に並ぶかたちで海岸沿いに建っている。この王宮はスペイン統治下の17世紀はじめにつくられたが、実際に国王が居住したのは1734年、カルロ7世（後にスペイン王カルロス3世となる）の時代になってからであった。カルロ7世はフランスのブルボン家の出身で、彼の時代にフランス派の画家たちの絵画やセーブル焼きの陶器、マリー・アントワネットから贈られたフランス家具など、フランスの芸術作品がこの王宮に数多く飾られることになった。ナポリ王国を建てたアンジュー家はフランスの王家であり、ブルボン家もフランスの王家なので、ナポリの人びとはカルロ7世を歓迎したという。

　宮殿の入口はトレント・エ・トリエステ広場に面しており、入口を入ると左右に延びる巨大な階段が聖堂や王宮の他の部屋部屋へと人びとを誘う。こうした壮大な階段をバロック階段というが、王宮にとって階段は、謁見を求めてやって来る臣下や外国使節に対して国王の威厳を示す大切な舞台装置だったので、このようなバロック階段が好んでつくられた。ナポリ王宮の階段は、そうした王宮の階段のなかでも巨大なもののひとつである。宮殿入口の脇にはカルロ7世の時代に建てられた付属歌劇場であるサン・カルロ劇場の棟が張り出している。しかしこれ以外にも、王宮内にさらに小規模な歌劇場が設けられていた。フランス王家の歌劇好きがうかがわれる。

　王宮の南側、ナポリ湾に面する部分には、張り出した1階の上の部分に設けられた屋上庭園があり、南国の植物が植えられ、そこからナポリ湾を一望できるようになっている。芸術と自然を満喫する、いかにも南国の王宮らしい工夫といえよう。

61

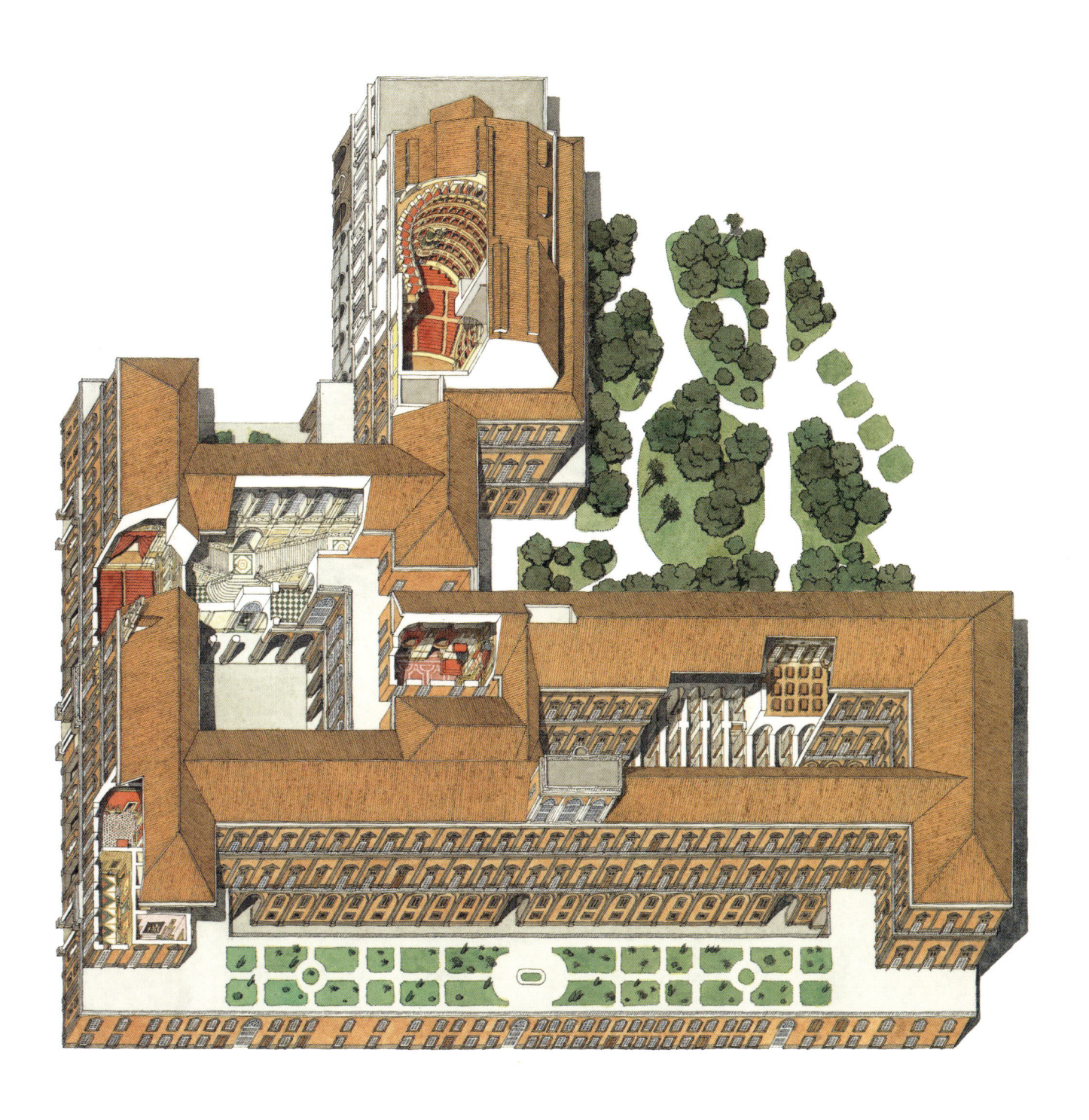

62

ナポリ王宮　Palazzo-Reale

サン・カルロ劇場

　ナポリ王宮に付属するサン・カルロ劇場は1737年に建てられた。カルロ7世がこの王宮に居住するようになってすぐに劇場が設けられたわけである。以来、この劇場はミラノのスカラ座、ローマのオペラ座とともにイタリアの三大歌劇場のひとつに数えられている。平土間の周囲には、伝統的な歌劇場の形式を示す馬蹄形の6層に重なるボックス席の客席が舞台に向かって高く巡り、その中央に金色の幕に飾られた国王の鑑賞席が設けられている。

　深紅と黄金色に飾られた華麗な内装は、石や石膏などの堅い材料によって音響効果が悪くなるのをおそれて、木材と漆喰で仕上げられている。この劇場にはモーツアルトが観客として訪れ、ロッシーニはここで指揮をし、スタンダールもこの劇場を絶賛したという。

バロック階段（①）

宮殿などの主階段に見られる、途中から二手に分かれてT字型やM字型に昇るなどの構成をもつタイプを、バロック階段と呼ぶ。西欧建築では主要な部屋が1階ではなく2階に設けられるので、入口からそこに至る階段は大事な装置である。臣下や外国使節を迎える宮殿の大階段は、訪れる者にまず王宮の威厳を示す場所として特に重要だった。階段に贅を凝らすのがヨーロッパの心意気であり、立体的な建築の伝統なのである。ローマの広場に設けられたスペイン階段のような二手に分かれる屋外階段も、やはりバロック階段といわれる。

歌劇場（②）

歌劇の成立は16世紀末のことだといわれるが、その黄金時代が到来するのは19世紀であるといってよい。イタリアではロッシーニ、ベルディなどが現れ、まさにイタリア・オペラ全盛を迎える。したがってそうした歌劇のための劇場も大半が19世紀建築である。19世紀は歌劇場に限らず、都市の中心をなす大建築が続々と登場する時代なのである。ナポリの王宮に見られるように、それ以前の建物が大改造されたり、大増築されるのもこの時代である。ヨーロッパの都市・建築の最盛期こそ、19世紀だったといえるだろう。

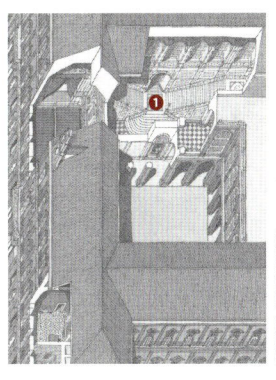

白鷺城と呼ばれる名城

　戦国大名たちは自分の居城以外にも、領地をまもるために多くの支城をもち、防御体制を固めていたが、徳川氏の政権が確立すると元和元年（1615）に一国一城の制度が施行され、大名の本城以外の砦は破壊された。またその居城も軍事拠点というよりは政治、経済、文化の中心をなすシンボルとなり、城下町の核として君臨する存在になった。

　姫路城は14世紀頃からあった城を、関ヶ原の戦いの後に池田輝政が大々的に整備したものである。輝政は大天守、小天守、渡り櫓などを慶長14年（1609）までに完成させた。池田氏は徳川家康没後の元和3年（1617）に城主の地位を本多忠政に譲り、鳥取に移封となった。本多氏は西の丸に長男の忠刻とその妻である千姫を住まわせた。その後も城主は目まぐるしく代わったが、その理由は皆幼少の城主が跡継ぎとなったときだった。西国の押さえとして重要だった拠点である姫路城を、幼い城主たちには任せられなかったからである。幕府がここをいかに重要拠点と見ていたかが知られる。

　大天守は外観は5層で内部は6階、地下1階で、高さは38メートルに及んだ。しかも大天守を囲むようなかたちに小天守を配して、それを渡り櫓でつなぐという複雑な形式をとっており、天守の脇に中庭が生まれることになる。このようなタイプはもっとも高度に完成された天守の形式といえる。類似の形式を見せる城には和歌山城、松山城などがある。姫路城は完成当時、江戸城につぐ二番目の規模を誇るものだった。

　城郭の天守は本来戦闘時における司令塔であり、城主が最後に拠り所とする拠点であるが、江戸時代に入ってからの平時になると、天守は防御の要というよりは城内と城下を見渡し、城主の威厳を示す飾りであった。姫路城の建物はすべて白漆喰で塗籠めにされ、屋根瓦も白漆喰で継ぎ目を固めた。白鷺城と呼ばれるようになったのは、白く塗り固められた優美な建物群のすがたに由来するといわれる。

　多くの城が明治維新の後に取り壊され、また第二次世界大戦の戦火によって失われたなかで、姫路城は城郭全体の構成をよく残し、最盛期の城郭のたたずまいを現代に伝える名城である。戦後大々的な修復工事が行われ、基礎などをコンクリートで補強して地盤を安定させている。

■遺産名
姫路城
Himeji-jo

■登録年
1993

16 姫路城
Himeji-jo *himeji, Japan*

65

姫路城大天守

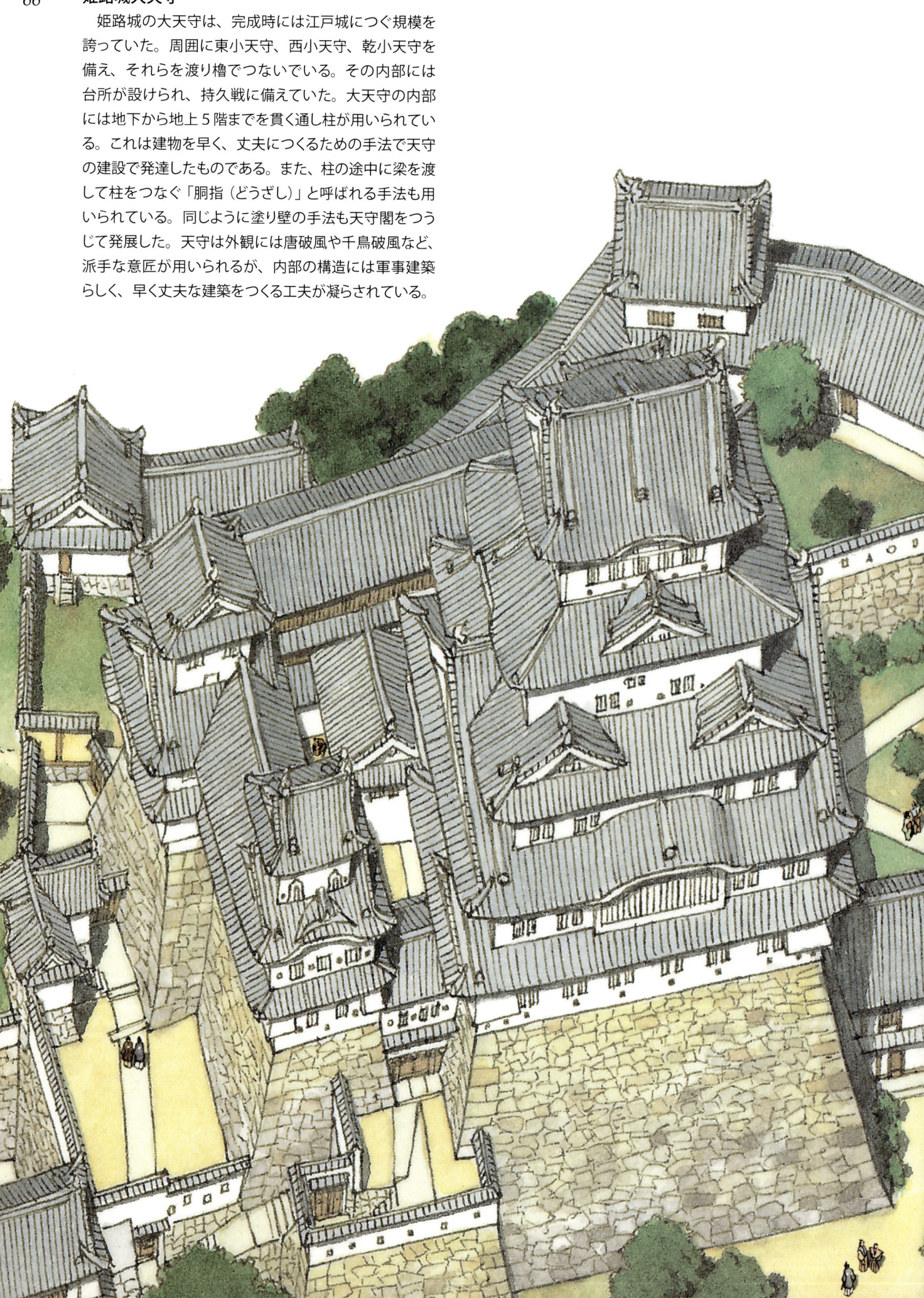

　姫路城の大天守は、完成時には江戸城につぐ規模を誇っていた。周囲に東小天守、西小天守、乾小天守を備え、それらを渡り櫓でつないでいる。その内部には台所が設けられ、持久戦に備えていた。大天守の内部には地下から地上5階までを貫く通し柱が用いられている。これは建物を早く、丈夫につくるための手法で天守の建設で発達したものである。また、柱の途中に梁を渡して柱をつなぐ「胴指（どうざし）」と呼ばれる手法も用いられている。同じように塗り壁の手法も天守閣をつうじて発展した。天守は外観には唐破風や千鳥破風など、派手な意匠が用いられるが、内部の構造には軍事建築らしく、早く丈夫な建築をつくる工夫が凝らされている。

姫路城　Himeji-Jo

千鳥破風（①）
反り屋根のかたちをした破風であり、建物の入口などによく見られる。破風は、入口や窓などの開口部を強調するためにつくられるもので、実用性に根差すというより、建物の意味や格式を示す装置である。日本建築の屋根は雨風を防ぐだけでなく、建物の性格を外部に知らせるという性格が強く、われわれは屋根を見てその建物の存在と重要性を知るのである。天守は意外に派手な意匠を好むもので、数多くの破風を設けて建物を飾る。それが何層にも重なる天守の屋根をいっそう複雑華麗にするのである。

唐破風（②）
反転する曲線を描く軒の線をもった破風を唐破風といい、天守にしばしば用いられる。もともとは寺院の門などに使われていた。唐という字が用いられているが、中国とは関係なく、「不思議な」「新しい」という気持ちで使われたらしい。千鳥破風よりも格式の高い意匠とされ、寺院では勅使門などによく使われる。ここでは豪華で派手な印象が武家に好まれて天守に使われている。

狭間（③）
塗り壁の塀に穿たれた穴である狭間は、そこから外敵を見通し、矢や鉄砲を撃ちかけるための装置である。外部は小さな穴だが、内側は壁面が広がり、広い角度を見通せるようになっている。外部に現れる穴の位置やかたちも変化に富んだもので、一種の装飾性さえ感じられる。

乾小天守（④）
姫路城には大天守のほかに三つの小天守が設けられており、この乾小天守以外に東と西の小天守がある。こうした形式を連立天守と呼ぶ。姫路城のような地形をいかした建物の展開は、平山城と呼ばれるもので、土地の起伏にそった櫓、小天守、土塀などの連なりが豪壮な城郭を構成している。

渡り櫓（⑤）
連立天守をつなぐ建物で、防御の要をなす。姫路城ではこの渡り櫓の内側、大天守とのあいだに台所が建てられており、天守の背後にあたる腰曲輪と呼ばれるところには、籠城に備えて米や塩などの食料の備蓄や井戸などが用意されていた。城郭は封建制完成とともに一国一城の制度で多くの城が壊され、明治維新期にまた破却がなされ、さらに第二次世界大戦によって焼失し、多くが失われたので、姫路城のように防御の態勢を含めて全体の構成が残されたのは珍しく、貴重な存在である。

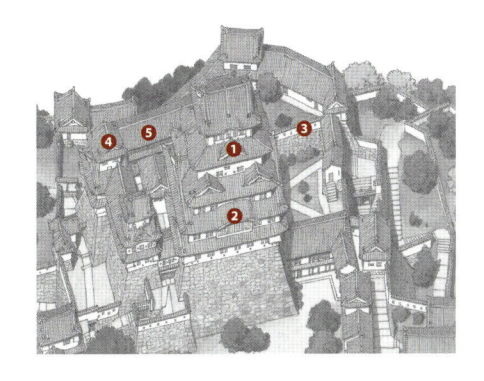

二条城
Nijo-jo *Kyoto, Japan*

■遺産名
古都京都の文化財（京都市、宇治市、大津市）/ Historic Monuments of Ancient Kyoto (Kyoto, Uji and Otsu Cities)

■登録年
1994

徳川家の威信

　京都における徳川家の居城としてつくられた二条城は、関ヶ原の戦いの直後に建設が決定され、ここに家康が上洛してこの二の丸御殿で征夷大将軍となった場所である。3代将軍家光が本丸を拡張し、後水尾天皇の行幸を実現した。こうして京都の町の人びとに徳川幕府の威信を示したのが二条城だった。しかし後に天守が落雷で焼失、また本丸御殿も焼失し、再建されることはなかった。しかし幕末、15代将軍慶喜が大政奉還を行ったのもこの二の丸御殿であった。ここは徳川幕府の興亡の歴史そのものの舞台なのである。明治時代になって、二条城は皇室の二条離宮となり、本丸御殿の位置には絶家した桂宮家の御殿が移された。

二条城二の丸御殿は車寄せ、遠侍、式台が連なり、そこからもっとも格式の高い対面の場である大広間、そこから蘇鉄の間を通って私的な対面の場である黒書院、そして将軍の居室である白書院が延びてゆく。建物は雁行形式と呼ばれるジグザグ型に連なっているが、これは各棟の独立性を高め、それぞれが外部庭園に面するようにするための手法である。こうした雁行形式は桂離宮などにも見られる日本建築の構成法である。日本の建築は木造平屋の建築を奥へ奥へと展開させていくものであるから、こうした雁行形式によって、内部の部屋と外部の庭園をそれぞれ棟ごとに結びつけるのである。

　二条城は京都における徳川将軍家の居城であるから、諸大名が対面のために伺候するので、遠侍といわれる控えの間は大きく、天皇家からの使者を迎える勅使の間も備えられている。対面の場である大広間、黒書院などは豪壮に飾られる。特に大広間の将軍の座の天井は二重折上げ格天井になっている。ここには武家の建築の代表的形式である書院造の最高の格式が見られる。襖や壁面には狩野探幽をはじめとする狩野派の絵師たちが金箔や濃彩を用いた障壁画に腕を振るい、欄間には彫刻が施され、釘隠しや襖の引き手には豪華な飾り金物が使われた。庭園は後水尾天皇の行幸に合わせて小堀遠州がつくり上げた。徳川時代の書院造の芸術の粋がここには集められているのである。

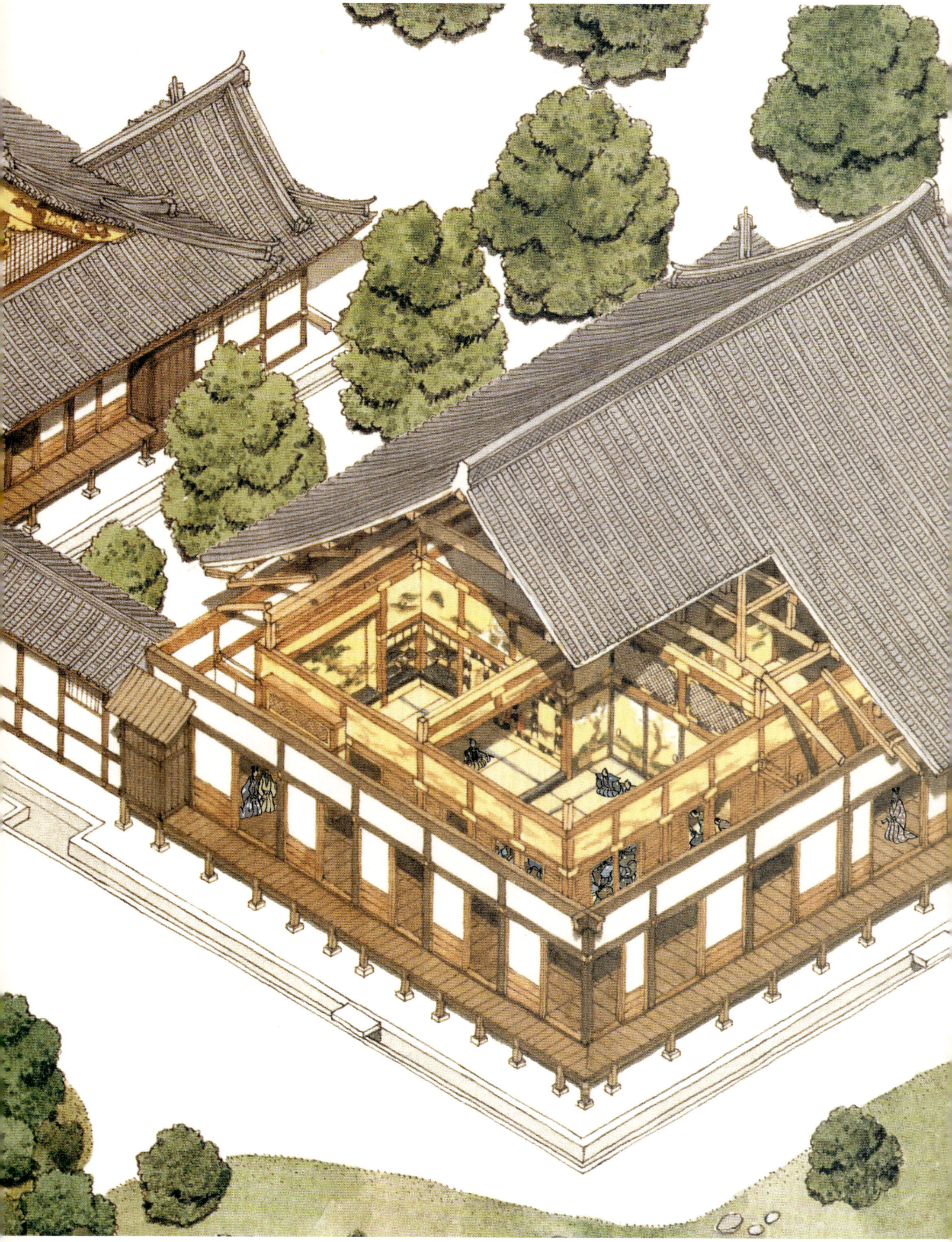

二条城 Nijo-jo

黒書院という書院座敷

　大広間から蘇鉄の間を通って到達する黒書院は、将軍の私的な対面の場であるので、大広間に比べると絢爛豪華というよりは落ちついた豪奢を示す。こうした室内の性格は将軍の私的な場である白書院になるとさらにはっきりして、障壁画は墨の濃淡によった山水画になる。黒書院で将軍の座る上段の間は床の高さが1段高く、背後に床の間と違い棚、向かって左手に付書院、右手に帳台構えという、書院造の座敷構えが整然と整っている。

　庭園は床の間の左側に広がっており、対面の場に彩りを添える。平安時代の貴族住宅の形式だった寝殿造の庭園は建物の正面に広がっていたが、書院造の庭園は正面の床の間の横に広がる。庭園と建物が密接な関係をもつといわれる日本建築の大きな転換点が、寝殿造から書院造への変化のなかに見られる。庭園が儀式を行う場所から、一種の背景としての庭園に性格を変化させる。二条城二の丸御殿の庭園と建物は、雁行する建物の屋根がそれぞれの棟の性格を示し、そこに庭園が組み合わされて複合的な奥行きを生み出してゆくのである。それが御殿という大規模建築の到達点である。

床の間（①）
書院造の特徴である床の間は、室町時代には奥行きの浅い板張りの形式だった。これを押し板と呼ぶ。書院造の床の間とそうした床の間をもつ上段の間が組み合わさって現在の畳敷きの床の間になったと考えられている。床の間は掛け軸をかけ、花を飾るゆとりのための装置になっていった。第二次世界大戦後、床の間は無駄な空間であり、封建的な住宅の象徴のように扱われたが、床の間を失った住宅はそれに代わるものを生み出せなかった。

書院造と数寄屋造（②）
武家の格式の高い建築の形式が書院造であるが、そこに茶室の趣味を取り入れたものを数寄屋造と呼ぶ。床の間や違い棚は設けられても、障壁画を描かず、長押も使わないか、使っても丸太を割ったような皮付きの材を用いたりする。くつろいだ雰囲気が数寄屋の特徴である。和風料亭や旅館のデザインの源流がここにある。

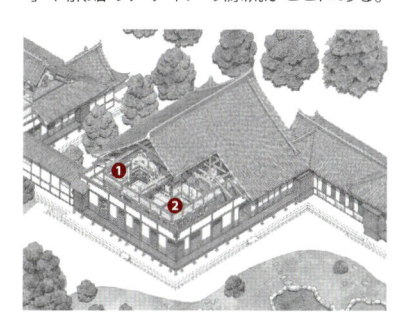

18 ヴェルサイユ宮殿
Palace Verasilles *Paris, France*

■遺産名
ヴェルサイユの宮殿と庭園
Palace and Park of Versailles

■登録年
1979

ルイ14世の栄華

パリ近郊のヴェルサイユの町は、宮殿を中心にしてつくられた町である。実際は、宮殿がつくられたので廷臣たちが移り住み、町が生まれたのである。ルイ14世が建築家ルイ・ル・ヴォー、室内装飾家ルイ・ル・ブラン、造園家アンドレ・ル・ノートルに命じて建設させたこの大宮殿はフランス絶対王制の力を示すモニュメントであり、以後、世界中の王宮のモデルとなった。その影響はインドからアジアにまで広がっている。宮殿は17世紀末に完成するが、その後も増築を重ねられた。しかし宮殿の中心をなすのは国王の寝室でありそのベッドだった。国王の一日は目覚めてから寝るまですべてが儀式化され、宮廷内に公開されていた。国王に権力が集中する、中央集権の絶対王制の国家の目に見えるかたちの表現である。

宮殿を中心にして広大な庭園が広がり、反対側には宮殿前から放射状の道路が延びるヴェルサイユの町が広がっていた。フランス・バロックと呼ばれるこの宮殿の様式は、国王が替わるたびにさらにそのスタイルを変化させ、ルイ14世様式、ルイ15世様式、ルイ16世様式といわれ、さらにはナポレオンの生み出したアンピール様式に至る。

ルイ14世は、それ以前から建設中だったパリ市内のルーヴル宮殿に代わってヴェルサイユ宮殿の造営に情熱を傾けた。そして国王自ら庭園の見かたを解説するパンフレットを書くほどだった。フランス革命後、王政復古の時代になって、1837年、当時の国王ルイ・フィリップはヴェルサイユ宮殿の正面にルイ14世の騎馬像を立てた。

鏡の間

ヴェルサイユ宮殿には付属礼拝堂、歌劇場、大食堂など多くの施設が設けられていた。人びとの集まる大広間も戦争の間、平和の間など、さまざまな部屋が設けられていたが、もっとも有名なものが鏡の間であろう。庭園に面する天井高さ13メートル、長さ73メートルのこの部屋は、もともとは国王が宮廷礼拝堂に向かうときの廊下だったが、ここに鏡が張られ、豪華な54のシャンデリアで飾られると、国王の謁見の場として用いられるようになった。ここでの夜会には数千人の人びとが集まった。第一次世界大戦の講和条約であるヴェルサイユ条約が調印されたのも、この鏡の間であった。ここに用いられた鏡は大判でゆがみが少なく、きらびやかに人びとのすがたやシャンデリアの光を写し出した。現代風にいうならこれは当時最新の製品を使ったハイテクのインテリアだったのである。この鏡をつくったのはサンゴバンで、この一族がつくった会社は現在もフランスを代表するガラスメーカーでありつづけている。

鏡（①）

鏡をつくるにはゆがみのないガラスを製造しなければならない。これは非常にむずかしい技術であった。いまでも戦前のガラス戸には微妙にゆがんだガラスが嵌められているのを目にすることがある。鏡の間のガラスは大きく平滑で、いまでも優れた製品である。現在でも、大型の板ガラスを製造できるのは世界で数カ国しかない。

シャンデリア（②）

電気が使われるまでの照明はロウソクかランプだった。明るい照明を得るには多くのロウソクを立て、それを反射させて光を拡散させる必要があった。シャンデリアにはきらびやかなガラスの飾りが無数に吊り下げられ、豪華さを見せるが、このガラスは単なる豪華さの演出だけではなく、照度の確保という実用性にもとづいている。ガラスがプリズムのように多面体のかたちにカットされるのも、光の反射を多くするための工夫である。

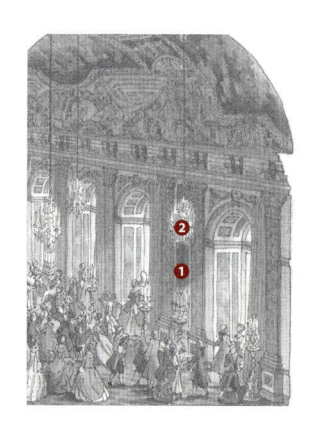

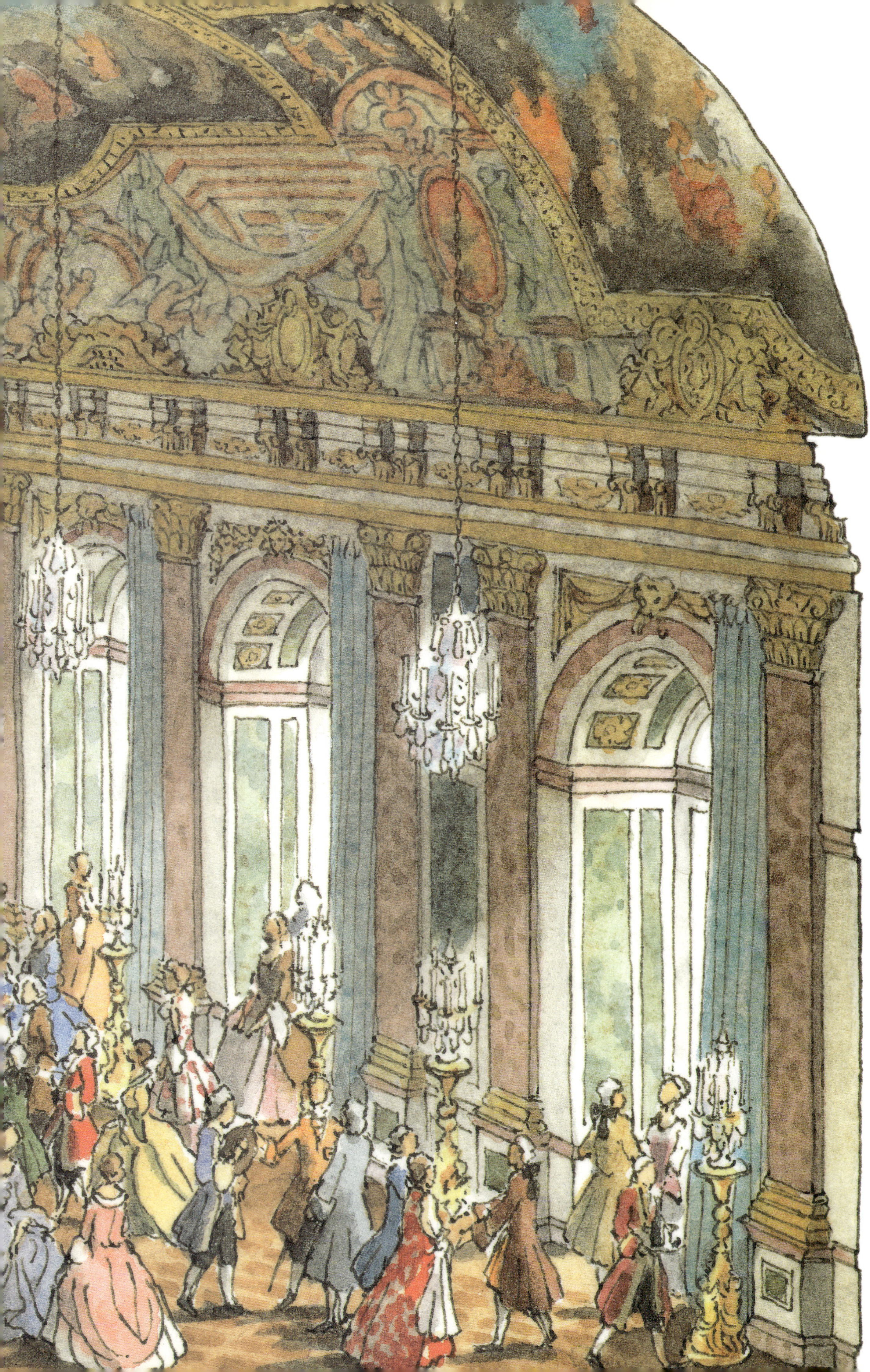

東照宮
Toshogu *Totigi, Japan*

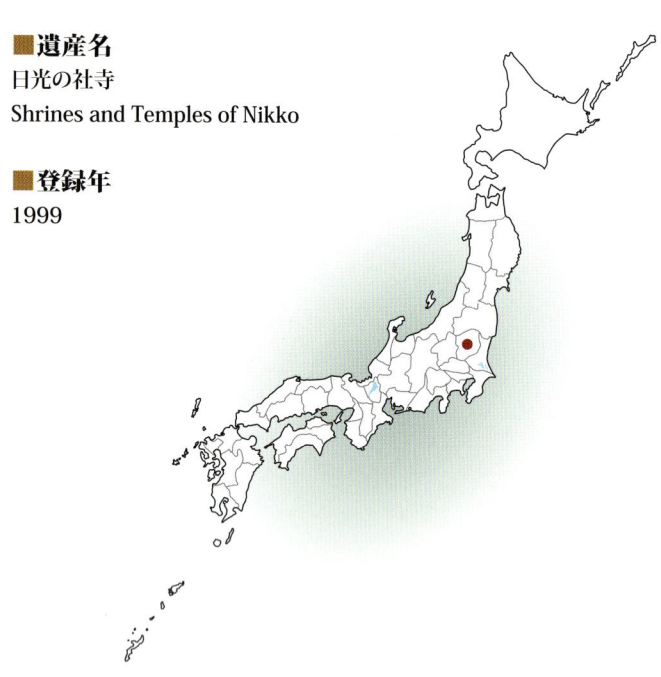

■遺産名
日光の社寺
Shrines and Temples of Nikko

■登録年
1999

徳川幕府の聖地

　東照大権現の称号をもって没した徳川家康を祀るのが東照宮である。和歌山など、徳川家にゆかりのある土地にいまも多くの東照宮が残るのはそのためである。家康は自分の死後、静岡の久能山に埋葬し、一周忌を経た後に日光に祀るようにと遺言した。日光は江戸から北に当たるので、そこに祀られることで北極星（妙見菩薩と関係がある）として江戸を守るとしたのである。ここが鎌倉時代の源頼朝をはじめ、武将が信仰する聖地だったことも家康に影響したのであろう。

　現在の東照宮は3代将軍家光によるものである。彼は費用お構いなしの大号令を発して家康の廟を大々的につくり替えた。ここは徳川家の聖地であり、諸大名に対して将軍家の権威を示すモニュメントであったからである。家康に贈られた権現という名称は神仏習合のなかで信仰されたもので、日光にも仏教的要素と神道的要素が入り交じっている。現在は明治期の神仏分離令にもとづいて東照宮と輪王寺、二荒山神社に分かれ、二社一寺といわれている。近くを流れる大谷川には朱塗りの神橋が架かり、石の鳥居をくぐり、脇に五重塔を見ながら石段を昇ると、見ざる・聞かざる・言わざるの三猿の彫刻をもつ神厩舎、眠り猫の彫刻がある回廊、白く塗られた陽明門などがつぎつぎに現れ、ひとを飽きさせない。本社の背後の山中に奥社があり宝塔が建てられている。入口から本社までの参詣路には、諸大名から庶民にいたる多様な人びとを引きつける仕掛けが、ここには多い。多くの建物が漆で塗り上げられ、装飾は極彩色でモチーフは具体的で、ここにも庶民に受ける俗っぽい華麗さが満ち満ちている。

　東照宮の華麗さは、明治維新以後、徳川のものとして嫌われ、モダンデザインの到来とともに理論的にも否定的に見られるようになり、悪趣味とさえ見られるようになる。ドイツから日本に来た建築家ブルーノ・タウトが、天皇の芸術である桂離宮と将軍家の芸術である日光を対比させ、日光をキッチュであり「いかもの」だと酷評したのがその典型である。だが日光の華麗さは、工芸と建築が緑豊かな自然のなかで渾然一体となっているところにある。ここを訪れた芭蕉が「あらたうと青葉若葉の日の光」と詠んだのは、自然と建築が織りなす聖地の風情を伝えたものであろう。日本建築の豪放と繊細を兼ね備えた華麗さをここに見ることができる。

77

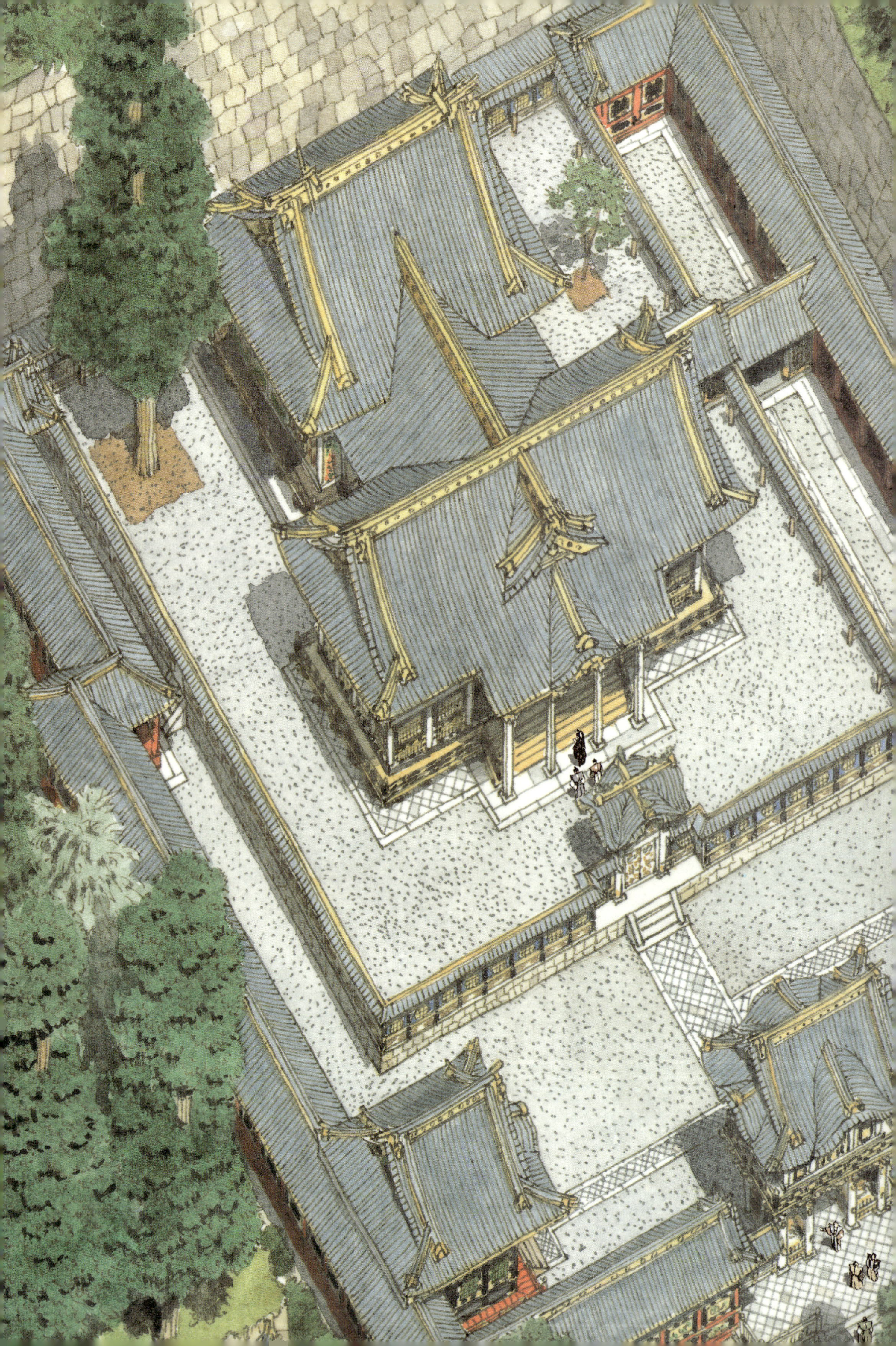

東照宮 Toshogu

権現造

　東照宮の本社の建物は、手前の「拝殿」と奥の「本殿」を1段床の下がった「石の間」でつないだ形式をもっており、全体が工の字型をしている。参拝の人びとは手前の拝殿まで、特別の場合には石の間まで昇殿できる。家康が東照大権現であるところから、この形式は権現造と呼ばれる。神社の形式には伊勢神宮に見られる神明造、出雲大社に見られる大社造、春日大社に見られる春日造、平入で入口部分の屋根が手前に延びた流れ造などが基本であるが、ふたつの棟を並べたかたちの八幡造など変化に富んだ形式も生まれてくる。権現造は京都の北野天満宮の形式を利用したと考えられ、菅原道真を祀る天満宮と同じ、霊廟的性格を示すといわれる。彩色を施し、装飾性が強い点でも両者は似ている。権現造は近世的な神社の形式の代表的なもののひとつで、近世の神社に影響を与えた。

漆塗り（①）

建物を彩色する例は古代以来見られる。住宅建築は素木であるが、寺院・神社は朱塗りや丹塗りで彩色された。中世末からは黒漆で彩色される建物が見られるようになる。日光東照宮は朱漆、黒漆、胡粉などを用いた建築群が対照的な表情を見せながら点在する。朱漆を塗った校倉造の神庫もある。しかしながら漆塗りは直射日光には弱いので30年から50年に一度は塗り替えなければならない。つねに手入れを行い、補修しつづけるのが華麗さを保つシステムである。

四半敷き（②）

石や敷き瓦の敷き詰め方にはいろいろな手法があるが、45度の角度をもって敷き詰める方法を四半敷きという。建物の柱筋に添って平行に敷いていくより周囲のずれを目立たなくできるし、建物の方向性を強調しすぎずに、むしろ広がりを感じさせるのがこの手法の特徴である。

袴腰（③）

鐘楼や鼓楼などは建物が高くつくられるので、1階に相当する部分が目の高さにくる。ここに下広がりの板張りを施すのが袴腰である。無論、和装の袴のように下が広がっているところからこの名がつけられた。高い建物を安定させるために柱を下広がりに建て、それを板張りにすると袴腰になる。雨水を流しやすくし、柔らかい印象を生み出す。

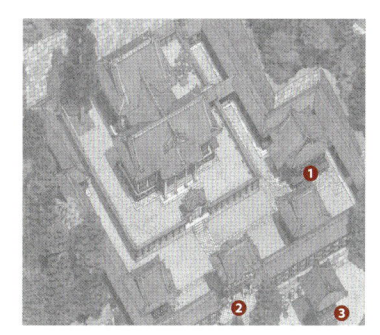

20 ポタラ宮
Potala Palace *Lhasa, China*

■遺産名
ラサのポタラ宮歴史地区群
Historic Ensemble of the Potala Palace, Lhasa

■登録年
1994, 2000, 2001

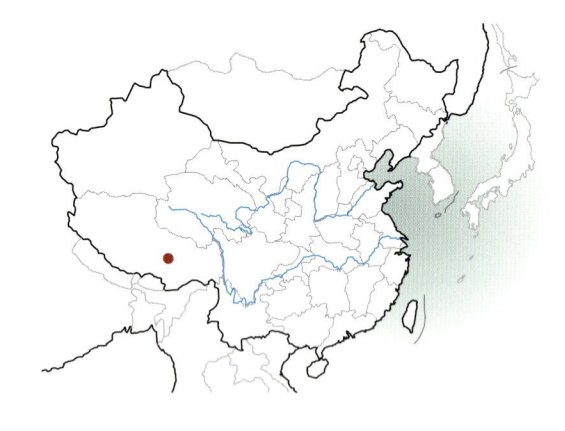

山岳寺院

　チベットのラサに建つポタラ宮は、山地に覆いかぶさるように建てられた巨大な複合した建物である。ポタラとは観音菩薩の霊地「補陀落山」を意味する。ポタラ宮の建つ場所は、観音菩薩がチベットに仏教を広めるために現れた場所だという。チベットはこの観音菩薩が治める政教一致の国である。17世紀にチベットの統一をはたしたダライ・ラマ5世がポタラ宮の建設に着手、正面東側の白宮をはじめとする基本的構成が1648年にまず完成した。その後1682年にダライ・ラマ5世は死去したので、その遺徳をしのぶ霊塔を収める紅宮の建設が開始される。これは1694年に完成した。

　白宮にはダライ・ラマの居室、宗教施設、政庁が収められ、紅宮には寺院としての性格をもつ仏殿、経蔵、霊塔などが含まれている。チベットは宗教と政治が一体となっていたので、宮内には僧侶を養成し、役人とするための学校も設けられている。ダライ・ラマは政治的地位をもつとともに、こうした僧侶たちを率いる宗教上の指導者であり観音菩薩の生まれ変わりである。ここを時計まわりに参詣することによって、チベット仏教の世界が体験できる。白宮と紅宮は外壁の色も白と赤に分けられており、複合した建築に目で見えるアクセントを与えている。人びとはふもとから階段を上って宮殿に入っていくが、ダライ・ラマ専用の入口は別にある。建物は複雑で外部からは13層に見えるが内部は9階建てになっている。部屋数は1000に及ぶといわれ、山岳のような建物群は、屋上にも広場や宗教劇の場が用意されている。屋根や壁の所どころには魚や獅子、宝珠などが飾られているが、建物の大きさに圧倒されてそれほど目立たない。まさに世界有数の巨大建築である。ポタラ宮の造営は継続してつづけられ、それは1936年にダライ・ラマ13世の霊塔殿が完成するまでつづけられた。ダライ・ラマ14世は中国との衝突の結果、インドに亡命せざるを得なくなった。

81

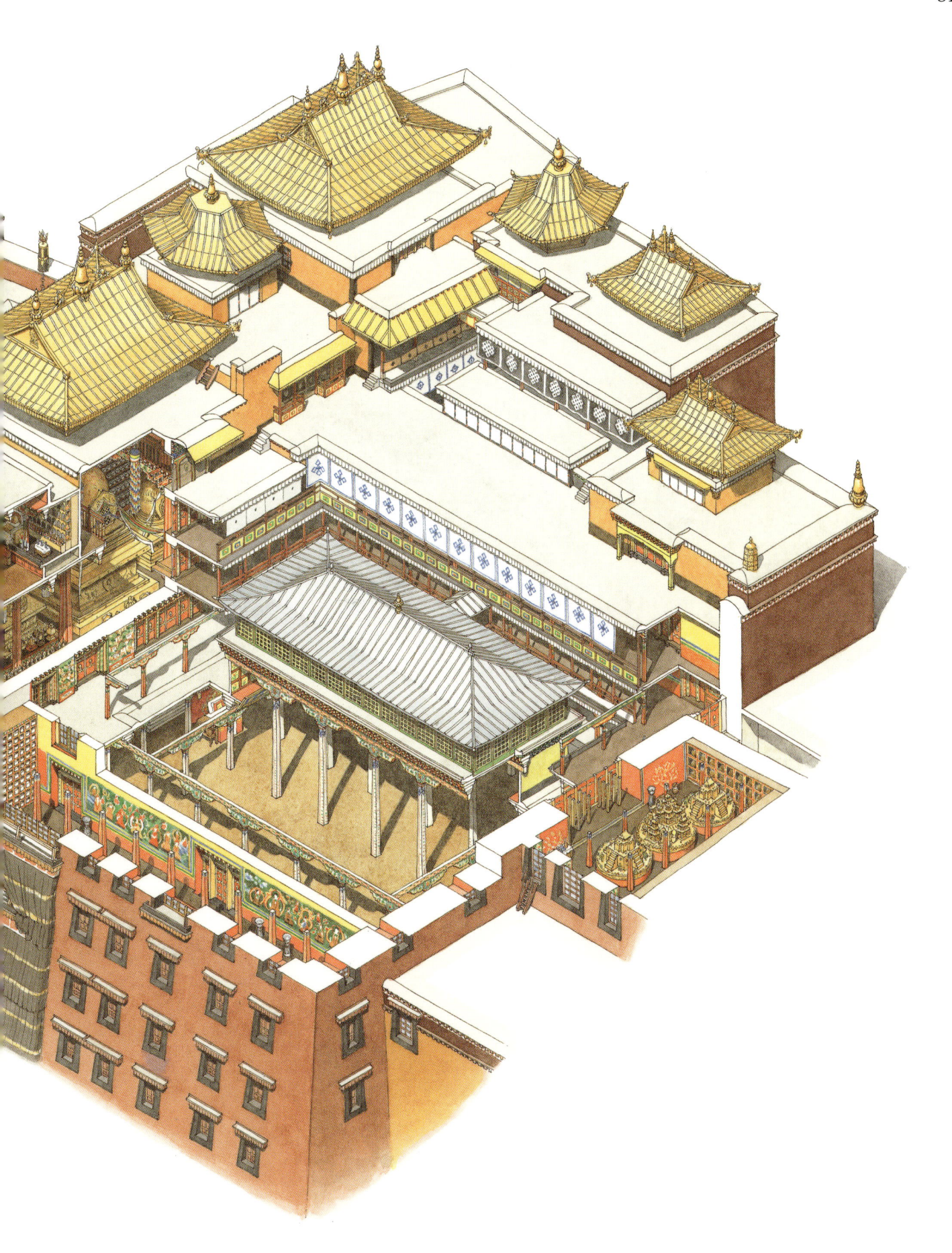

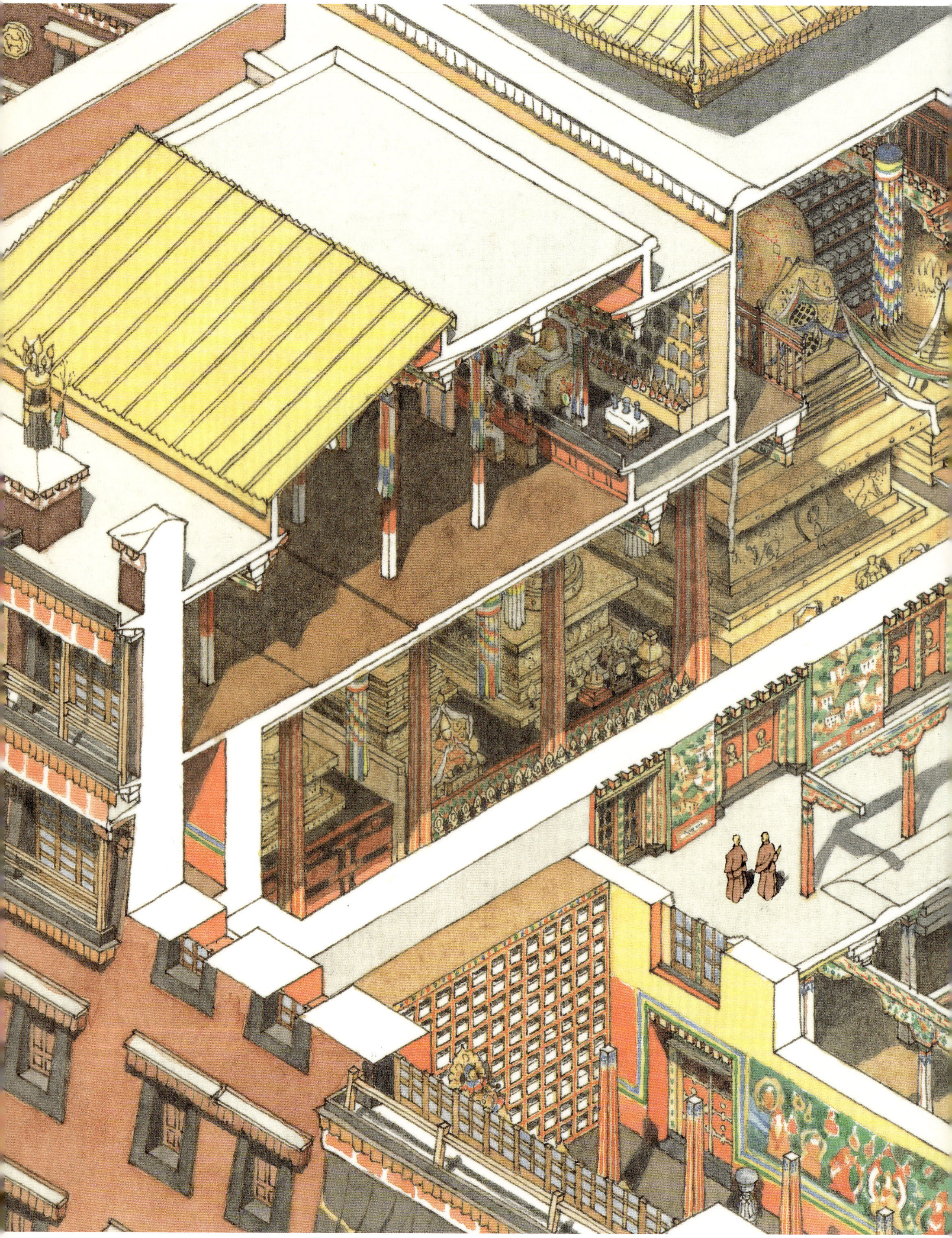

ポタラ宮　Potala Palace

紅宮

　ポタラ宮が建つのは高度3600メートルを超えるラサの町のマルポリ（紅山）の上である。紅宮には歴代のダライ・ラマを祀る霊塔が置かれている。5世と7世から13世までの8基がそれである。霊塔はダライ・ラマの遺体を納める塔であり、頂部に日月を飾り、13層の法輪、ダライ・ラマの遺体を納める円形の塔瓶（とうへい）、方形の塔座から構成される。これらは黄金や宝石で飾られ、ダライ・ラマの力を示している。なかでもダライ・ラマ5世の時代には大きな仏舎利（釈迦の遺骨）がここに収められ、多くの聖遺物が集められた。その霊塔には4000以上の宝石が飾られ、金箔に包まれた遺骸が安置されている。ダライ・ラマは観音菩薩の生まれ変わりであるとともに歴代それぞれが先代のダライ・ラマの生まれ変わりと信じられている。このほか紅宮にはダライ・ラマが瞑想する法王洞もあり、ここには7世紀にチベットを統一したソンツェン・ガンボ王の像が収められている。ポタラ宮はこのソンツェン・ガンボ王の宮殿と同じ場所に建てられたともいわれている。また法王洞と同じ時期につくられたマルポリの白塔、ソンツェン・ガンボ王の持仏を収めたといわれる聖観音殿、ゲルク派の始祖ツォンカバの像を収めた菩薩道次第殿、インドからチベットに密教を伝来したパドマサンバヴァの像を収めた持明殿、ダライ・ラマ8世が改修した弥勒仏殿、大経殿などもある。

　紅宮の屋上にはこうした霊塔を収める霊塔殿が金色の屋根をきらめかせて連なっている。その他、ここには経蔵、仏殿などがあり、さながら立体的な寺院複合体となっている。

立体マンダラ
紅宮の壇場殿には法具の上に円形と方形を組み合わせ、諸仏、諸菩薩を配置した立体マンダラが置かれている。こうした立体マンダラは金メッキされ宝石や真珠がちりばめられた豪華なものである。ポタラ宮はこうした施設や遺物なども収められている。

回廊壁画（①）
紅宮2階の回廊にはポタラ宮の歴史、チベットの歴史が描かれた壁画が描かれている。鮮やかな彩色は高地の風景に調和している。

霊塔（②）
霊塔は一種の仏塔である。ダライ・ラマの遺骸を収める墓でもあり、それは日本の五重塔が仏舎利を収める一種の釈迦の墓であることにも通ずる。墓、霊廟には、洋の東西を問わず、円形や正方形のものが多い。ここに遺骸を中心につくられる建造物の共通性が見られる。

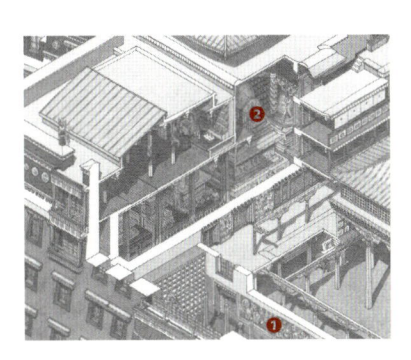

ヴュルツブルグ宮殿
Würzburg Residence *Germany*

■遺産名
ヴュルツブルク司教館、その庭園群と広場
Würzburg Residence, with the Court Gardens and Residence Square

■登録年
1981

ドイツ・バロックの傑作

　「レジデンツ（居館）」と普通名詞のように呼ばれるこのヴュルツブルクの司教館は、堂々たる大宮殿である。ヴュルツブルクの司教は聖職者であると同時に、広大な所領を支配する領主でもあった。神聖ローマ帝国の司教は有力な家系が独占し、歴代司教が富を蓄積する大きな権力をもっていたのである。この宮殿を建てた当時の司教はヨハン・フリップ・プランツ・フォン・シェーンボルンであった。彼の出たシェーンボルン家はヴュルツブルクの司教職を占有する有力貴族だった。彼はそれまでの建築家に代わって、その頃まだ若かった建築家バルダッサーレ・ノイマンに命じてこの館の工事の継続をさせたのである。建物の構成は中庭を囲みながら大きくコの字型をしており、バロック様式に特有な曲線や湾曲する壁面は見られない。こうした基本計画はバンベルクの建築家マキシミリアン・フォン・ベルシュによるものである。しかしながら、建物内部に入ると豪華な装飾と壮大な構成が訪れた人びとを驚かす。諸室の構成は玉座こそないものの王宮そのもので、これ以上大規模なものは考えられないほどの大階段室、皇帝の間と呼ばれる主晩餐会場、緑の間という司教の居室、そして司教館であるから当然だが、付属礼拝堂がある。

　ノイマンはバロック的な特徴を備えた大階段室、皇帝の間、付属礼拝堂などを手がけ、ドイツを代表するバロック建築家となった。後にはウィーンの建築家ヒルデブラントがこの宮殿に関与するようになった。1720年にはじまった工事の全体が終了するのは、60年後のことだった。

　ノイマンの代表作であるこの館の付属礼拝堂は、3階分の吹抜けの高さをもち、複雑に湾曲した梁を架け、壁面もまた湾曲しながら祭壇を取り囲むバロックの極致を示している。ドイツ・バロックの建築はイタリア・バロックに比べて重厚で、ある意味では鈍重な印象を受ける。しかし同時に、そこにはドイツ特有の工夫も見られる。彫刻が室内装飾として大きな役割を果たすことや、大理石よりも漆喰の浮彫りが多用されることが特徴として上げられるし、その他の例としては部屋の隅に設けられる陶器製の暖炉があり、これは部屋の外から火を焚いて、部屋には輻射熱が伝わる仕掛けである。ここにはさまざまな装飾が施されている。アルプス以北の気候にあった室内装飾といえよう。

　司教館の周囲には広びろした庭園が広がり、彫刻で飾られたテラスが設けられ、バロック庭園の壮麗さを示している。

親柱（①）
階段のはじまりの部分に建てられる柱のこと。伝統的な日本の建築のように平屋が主流であると、階段はめったに室内に現れないが、主要な部屋が2階に設けられる西洋建築では、階段は室内空間のアクセントとして重要な要素である。そうした重要な要素である階段のもっとも目立つアクセントとなるのが親柱である。ここにはしばしば高価な材料が用いられ、彫刻や装飾が加えられる。

踊り場（②）
階段の途中でいったん平らになる部分。踊り場なしに階段が高くまでつづくと、転落の危険があるので、踊り場はまず第一に安全を確保するための要素である。しかし踊り場は階段をじっくりと味わわせるための演出装置にもなる。ヴュルツブルクの大階段では2階に到達するまでに三つの踊り場を経ることになる。階段は踊り場で方向を変えることが多く、階段デザインの大切な要素である。

ペディメント（③）
扉や窓の上部につけられる装飾性の強い軒。室内にも、外壁にもこのペディメントはつけられる。三角形や円弧を描いたかたちが多い。バロック期には彫刻を加えたものや、上部が開いたかたちのものや、さまざまな装飾を加えたものが用いられた。

ヴュルツブルグ宮殿　Würzburg Residence

大階段室

　ヴュルツブルクの司教館の階段室は、この宮殿のなかでも最大の部屋のひとつである。入口ホールから緩やかに昇りはじめる階段は、中間の踊り場で180度向きを変えて2階へと向かう。いわゆる典型的なバロック階段の構成である。宮殿内の主要な部屋、司教の居室である緑の間や、主晩餐会場である皇帝の間などはすべて2階にあるので、この宮殿を訪れる人びとは皆この大階段を上り、深い印象を受けるのである。ヨーロッパのなかでも、これほど壮大な階段はそれほど多くない。

　2階に上がるとそこは33メートルに18メートルという大空間である。しかもそこには一切柱がない。この空間が果たして安全かと懸念する人びとに対して、バルダッサーレ・ノイマンはここで大砲を発射してその安全性を示したといわれる。天井は扁平なドーム状で、ここに描くべき天井画の作者決定がまた難航した。結局ヴェネツィアから招かれたジョヴァンニ・バッティスタ・ティエポロがそこにフレスコ画を1753年に完成させた。ひとつの画面としては世界最大のフレスコ画である。ノイマンはこの仕事を命ぜられたのでパリに赴き、さまざまに計画案を練った。そして階段の要所要所に音楽や狩猟の擬人像を配し、2階壁面にも彫刻装飾を飾った、バロック趣味豊かな傑作をつくり上げたのであった。

付柱（④）
壁面につけられた扁平な柱型。西洋建築の正式な柱は円柱であるが、壁面につけられる柱にはこうした角柱のかたちをしたものが多い。ここでは柱が2段構えのように表現されているが、こうした変化をつけるのもバロックの特徴である。

フレスコ画（⑤）
壁画の描き方のひとつで、生乾きの漆喰の上に顔料を塗ることによって色彩を定着させる。フレスコとは、塗りたてという意味のイタリア語である。漆喰が乾燥するまでに描かなければならないので、熟練を要する。一般にはその日に描く分だけ漆喰を塗り、そこに壁画を描いていく。ルネサンスからバロックにかけての時期に、この技法によって多くの傑作が生まれた。

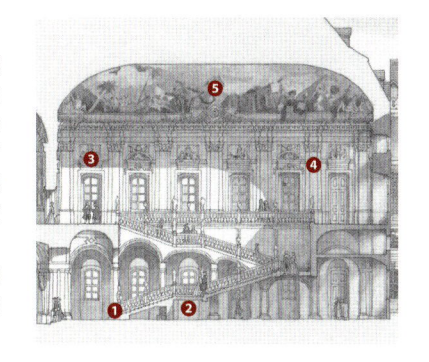

古図に伝えられる修道院

　スイス北東部にあるザンクト・ガレンの修道院が成立したのは中世初期、720年のことであった。その名前は修道院の設立者、アイルランドの修道士聖ガルルスにちなむ。この修道院には中世以来、多くの写本や初期印刷本が数多く収集されてきたことで有名である。なかでもここに伝えられた、820年頃に描かれたという修道院計画図は、中世初期の修道院の構成を知ることができるものとして有名である。そこには回廊をもった教会堂、77人の修道士たちのための大寝室、大食堂と厨房、院長宿舎、学校、診療所、家畜小屋、工房、作業場、農奴小屋などが描かれ、来客用の宿舎もあった。この図面に描かれている修道院の敷地は150メートルに220メートルほどの大きさであった。すでにこのような整備された修道院の概念が9世紀には成立していたのである。

　修道院には修道士以上の人数の農奴、職人などが抱えられ、1,000人以上の規模をもつものもあった。修道院は宗教共同体であり、所領をもつ地主であり、さまざまな生産活動を行う複合的工房でもあった。9世紀初頭には西ヨーロッパに1,200カ所を超す修道院が存在していたことが知られている。

　ザンクト・ガレンの修道院はベネディクト会の修道院として栄え、9世紀から10世紀にかけて神学研究の中心地として多くの人びとを呼び集め、写本の制作も行われていた。町自体も発展していった。ザンクト・ガレンの旧市街は、いまも修道院を中心に扇形に広がっており、過去の発展の歴史をうかがわせる。しかしながら修道院の建物は火災や戦災で焼失を繰り返し、現在の建物が完成したのは18世紀の中頃である。したがって現在の修道院は後期バロックからロココにかけての様式を示すものである。建物は焼失したが、収集されつづけてきた古図や写本などは守られ、現在も中世史や神学の史料として活用されている。また、ここは現在修道院としての役割もすでに終えて、かつての教会堂が大聖堂となっているが、付属図書館はその役割を果たしつづけている。

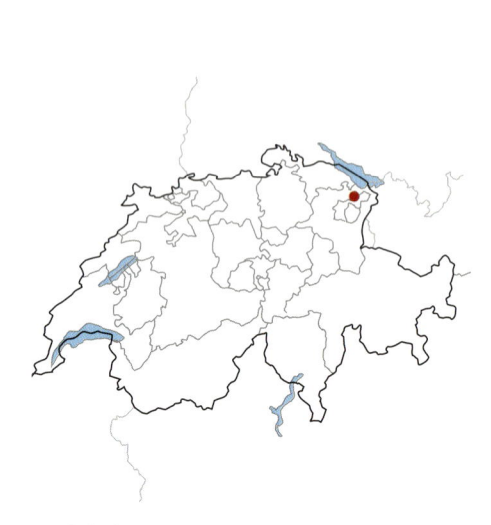

■遺産名
ザンクト・ガレンの修道院
Convent of St. Gall

■登録年
1983

22 ザンクト・ガレン修道院
St. Gall *St.gall, Switzerland*

89

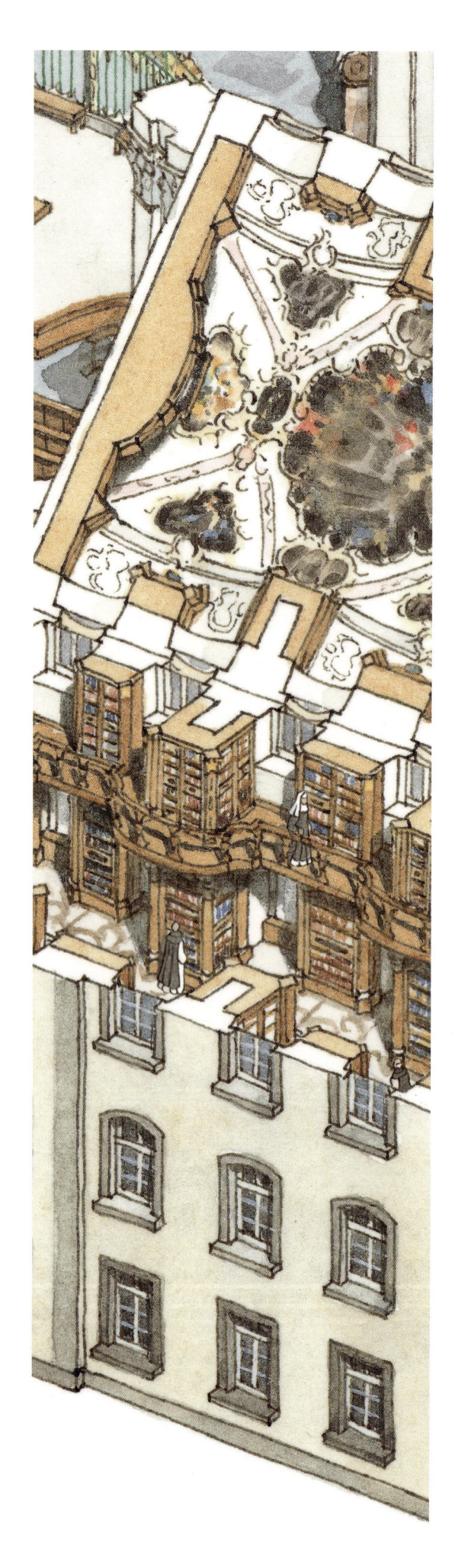

付属図書館

　ザンクト・ガレン修道院付属図書館は大聖堂を囲む回廊の一部としてつくられている。回廊を挟んで向かい側にはかつての修道院の棟が建てられている。付属図書館はこの修道院の心臓部ともいうべき位置に建てられているのである。この図書室は10万冊に及ぶ蔵書を誇る。そのなかには多くの写本類が含まれ、中世文化の粋を伝えている。先に述べた820年頃の修道院計画図をはじめ聖書の多くの写本、最古のドイツ語の辞書『アブロガンス』などが収蔵されている。中世には多くの写字生たちがこの修道院で写本の制作に従っていた。

　建物は18世紀後半に完成したロココ建築であり、優美な曲線を描く天井が印象的である。書籍は柱を取り囲むように設けられた書棚に収められている。上部の書棚を利用するため、柱をつないで典雅な回廊が巡らされている。床は寄せ木細工で美しいパターンを描き出す。正面の壁の上にはこの付属図書館が建設された当時の修道院長ケレスティン・グッガー・シュタウダッハの肖像が掲げられている。精選された写本や書籍を収める文化と美の殿堂となっているのである。

聖歌隊席（①）
教会堂の聖歌隊席はふつう聖堂奥に設けられるが、ここでは中央部に弧を描くように設けられている。修道士たちが集う修道院教会だからであろう。座席にはベネディクト会の創始者、聖ベネディクトゥスの生涯を描いた浮彫りが施されている。豪華なバロック的構成の聖歌隊席である。

聖堂内陣（②）
聖堂の内陣は豪華な装飾に満ちた仕切りの柵で区切られている。天井は浅いドームを連ね、聖人が描かれ、装飾が周囲に施されたもので、後期バロックの傑作である。中世、近世を通じての修道院の財力を示す豪華さを見せつけている。1789年のフランス革命はこうした修道院の支配する所領を没収したので、スイスにあるこのザンクト・ガレン修道院もその影響を受けて衰退していったのである。

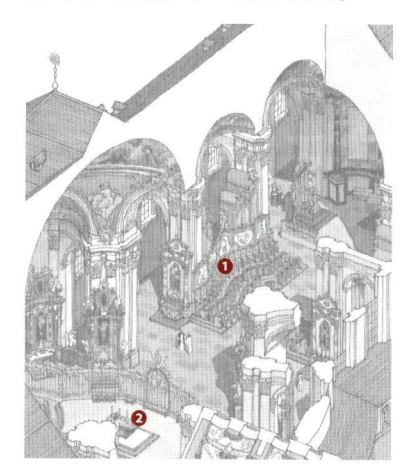

ザンクト・ガレン修道院　St. Gall

92

23 カサ・ミラ
Casa Mila *Barcelona, Spain*

■遺産名
バルセロナのグエイ公園、グエイ邸とカサ・ミラ
Parque Guell, Palacio Guell and Casa Mila in Barcelona

■登録年
1984

(92〜95ページの図)
(第一次著作権者：田中裕也、第二次著作権者：青山邦彦)

石切り場と呼ばれた集合住宅

　バルセロナの都心に建つカサ・ミラという名の集合住宅は、19世紀スペインを代表する建築家アントニオ・ガウディ・イ・コルネが54歳のときに設計を行った、彼の代表作のひとつである。完成は1910年、場所は新市街地の角地である。バルセロナはスペイン随一の工業化都市であり、ここには多くの建設工事が行われていた。ガウディを支えたパトロンの多くもこうした時代に財をなしつつあった工業資本家たちである。ガウディはその意味では典型的な近代化時代の建築家なのである。彼はバルセロナを舞台に、多くの作品をつくりつづけた。いまも建設がつづけられるサグラダ・ファミリア教会はもっとも有名な作品といえよう。「カサ・ミラ（ミラの家）」というのは施主のペレ・ミラ・イ・カンプス・セヒモンの名前に由来している。しかし粗い石でできたうねるような外壁、屋上にそびえる奇妙なかたちの煙突など、この建物は常識を超えていたので、人びとはこれを「ラ・ペドレーラ（石切り場）」と呼んだ。

　奇抜ではあるがじっさいには合理的な構成の集合住宅であり、角地に合わせた外壁は街路に合わされた曲面を描き、庇とバルコニーがきちんと設けられている。最上階には放物線でできた天井をもつ回廊があり、屋上の煙突も風の流れを考えた造形だと説明する人もいる。しかしすべてを物理学的、幾何学的形態だと説明するのはいき過ぎで、ここにはガウディの形態への好みも色濃く現れている。鉄細工の手摺り、タイルやガラスや石の曲面には手づくりの時代から機械への時代への転換期の模索が見られる。ガウディの造形がいまもなお多くの人びとに受け入れられるのも、ここには多くの解釈を誘う謎が秘められているからであろう。一般的にこうした造形を有機的形態というが、動物、植物にインスピレーションを得た形態と幾何学的形態の融合が、ガウディの神髄なのである。そこに19世紀における前近代と近代との混在が見られる。

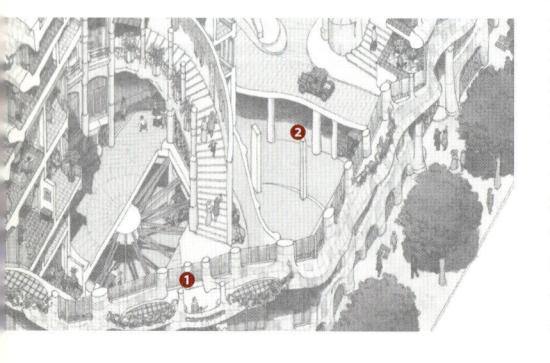

ガラス（①）

カサ・ミラのバルコニーには強化ガラスがはめ込まれている。むろん、下の階に光を入れるためである。ガラスは古代から建築に使われているが、ガラス窓がつくりがたかった時代には、光を通すオニックスなどの大理石だった。しかし18世紀の建築ではかなり天窓などにもガラスが使われているし、ガラスブロックも地下への採光に用いられる。カサ・ミラでも強化ガラスやガラスブロックは有効に使われている。

自動車斜路（②）

カサ・ミラの地下には駐車場が設けられている。自動車の革命といわれるT型フォードが生産されはじめるのは1908年のことだから、1910年完成のカサ・ミラに地下駐車場が設けられているのは驚くべきことである。カサ・ミラの中庭が円と楕円のかたちをしているのも、自動車の運行がスムーズにいくようにとの配慮からきている。ガウディ好みの曲線は、造形的インスピレーションの産物というだけでもないのだ。

自動車を意識した中庭

　カサ・ミラには当時の集合住宅の定石どおりに中庭が設けられている。これは旧宅のなかに光と風を採り入れるためであるが、ここの中庭は円形と楕円形の二つで、地下には駐車場も設けられている。ガウディは20世紀には自動車が大きな役割を果たすことを見抜いていたのである。むろん、自動車が通れるように斜路のカーブは計算されている。ガウディのつくる階段も、実際には歩きやすい角度と傾斜をもっている。

　また、集合住宅としての間取りは、改造も可能なように間の間仕切り壁を取り換えられるように工夫されていた。建物は用途を変えながら使われつづけるべきだという考えを込めているのである。ガウディの造形は幾何学的基本形態をベースにして、そこに変化をつけていくもので、形態を決定するときには模型によって確認した。建物の構造を逆さ吊りにして、そこに重りを下げたのである。これは実際の力学的効果を判断するためにも利用され、コンピューターがなかった時代に複雑な形態をつくるのにはとても有効な手法だった。

シュレーダー邸

Schröderhuis *Utrecht, Holland*

■遺産名
リートフェルト設計のシュレーテル邸
Rietveld Schröderhuis (Rietveld Schröder House)

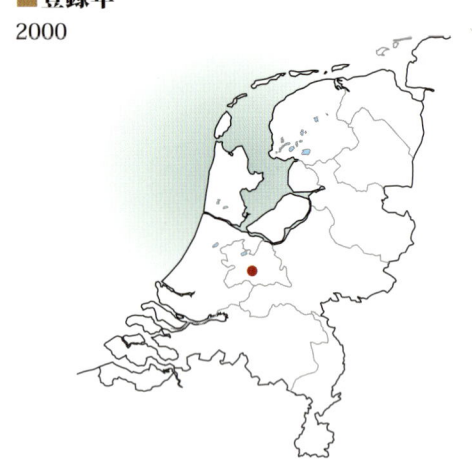

■登録年
2000

近代建築の小箱

　リートフェルトは家具デザイナーとして出発して、やがて建築家になった人だ。デ・スティールと呼ばれるオランダのモダンデザイン運動の中心的存在である。彼が建築家になっていく過程で、重要な役割を果たした住宅と、その注文主が、ここでの物語の主役である。舞台はユトレヒトの町。

　裕福な弁護士であったシュレーダー氏の夫人は、1921年に自分の部屋の改装をリートフェルトに依頼した。家自体は19世紀に建てられた大きなものだったが、この改装で彼女の部屋はさまざまな明るさのグレーで塗られたモダンなものになった。

　ところが、彼女の夫は1923年に死去してしまう。3人の娘を抱える未亡人となったシュレーダー夫人は、この大きな家を捨てて、新しく小さな家を建てようと決心する。むろん、設計はリートフェルトに依頼された。はじめて住宅全体を設計することになったリートフェルトに対して、夫人は明快な要求事項を提示した。居間は2階に設けること、部屋はさまざまな用途にしたがって性格を変えられることなどである。リートフェルトはこうした課題に対して、ほとんどの壁が可動式の間仕切りでできている住宅をつくり上げた。

　あるときは小さく仕切られる部屋は、あるときは広く一体となった空間になるという、手品のような住まいができ上がったのである。外に向かって部屋の角に設けられた窓は、開くと隅の部分の柱も移動してしまい、角がなににも遮られることなく、眼前に開かれた視界が広がった。室内はさまざまな色彩に塗り分けられて、素材の感覚を消していた。非対称の構成、引戸を多用する工夫などは、日本の建物のつくり方にヒントを得たものだともいわれる。たしかに19世紀末から20世紀初頭にかけては、日本の芸術がヨーロッパに大きな刺激を与えていた。

　インテリアの設計はリートフェルトとシュレーダー夫人との共同作業で進められた。この後も、2人は共同で展示会のためのプロジェクトを行ったりしている。建築家と施主という関係を超えて、2人はこの住宅をきっかけに、親密な関係をもつようになったのである。リートフェルト自身は、この住宅の設計以後、それまでの家具デザイナーから建築家へと転身していった。

　シュレーダー邸は完成直後からただちに有名になった。彼は柱と梁と壁からつくられてきた建築を、面によって構成される空間の建築へと変身させたからである。ただし、コンクリート造のように見える構造体は、実はレンガと鉄骨を用いて生み出されたものである。近代建築史上、リートフェルトはシュレーダー邸の名とともに確固たる地位を残した。

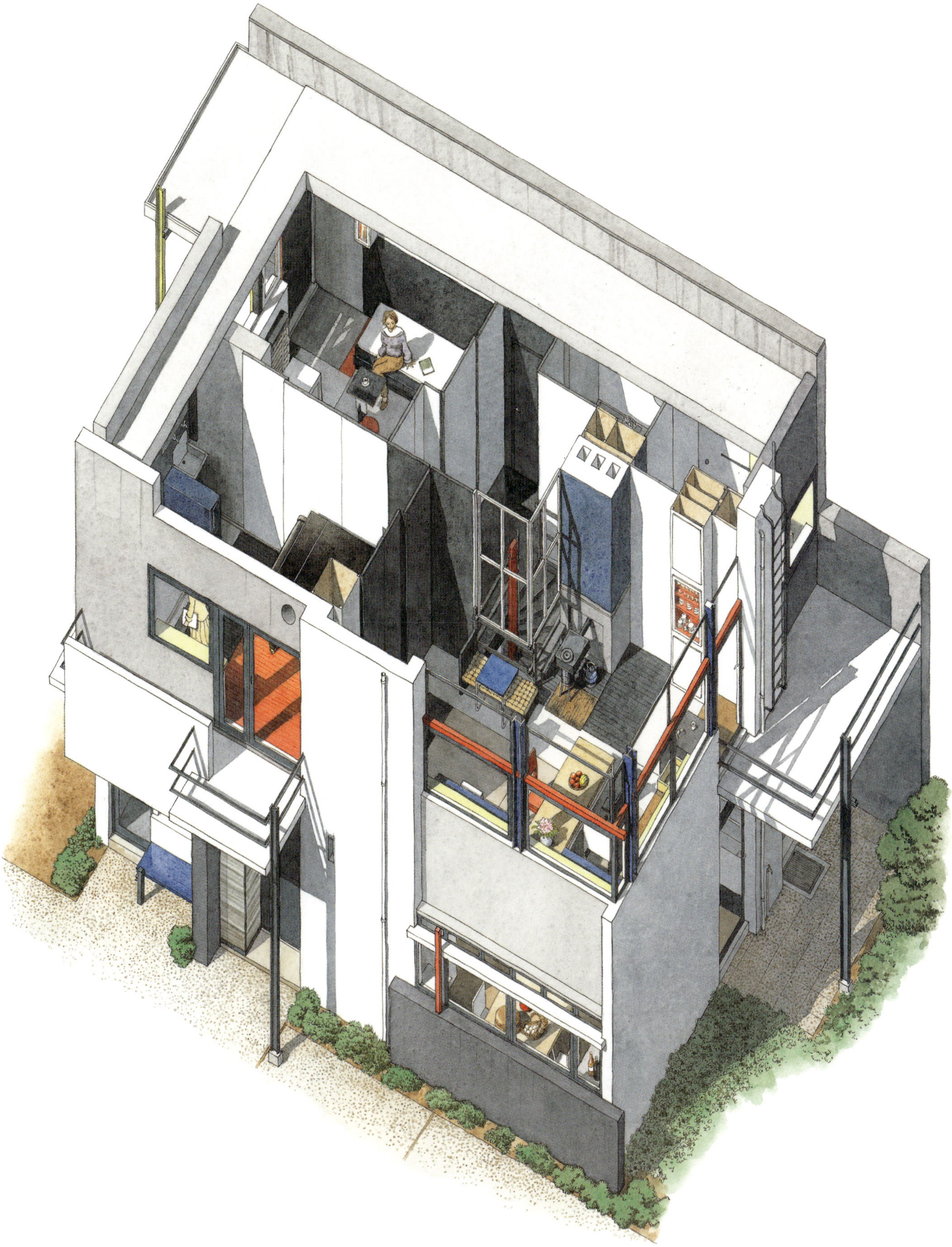

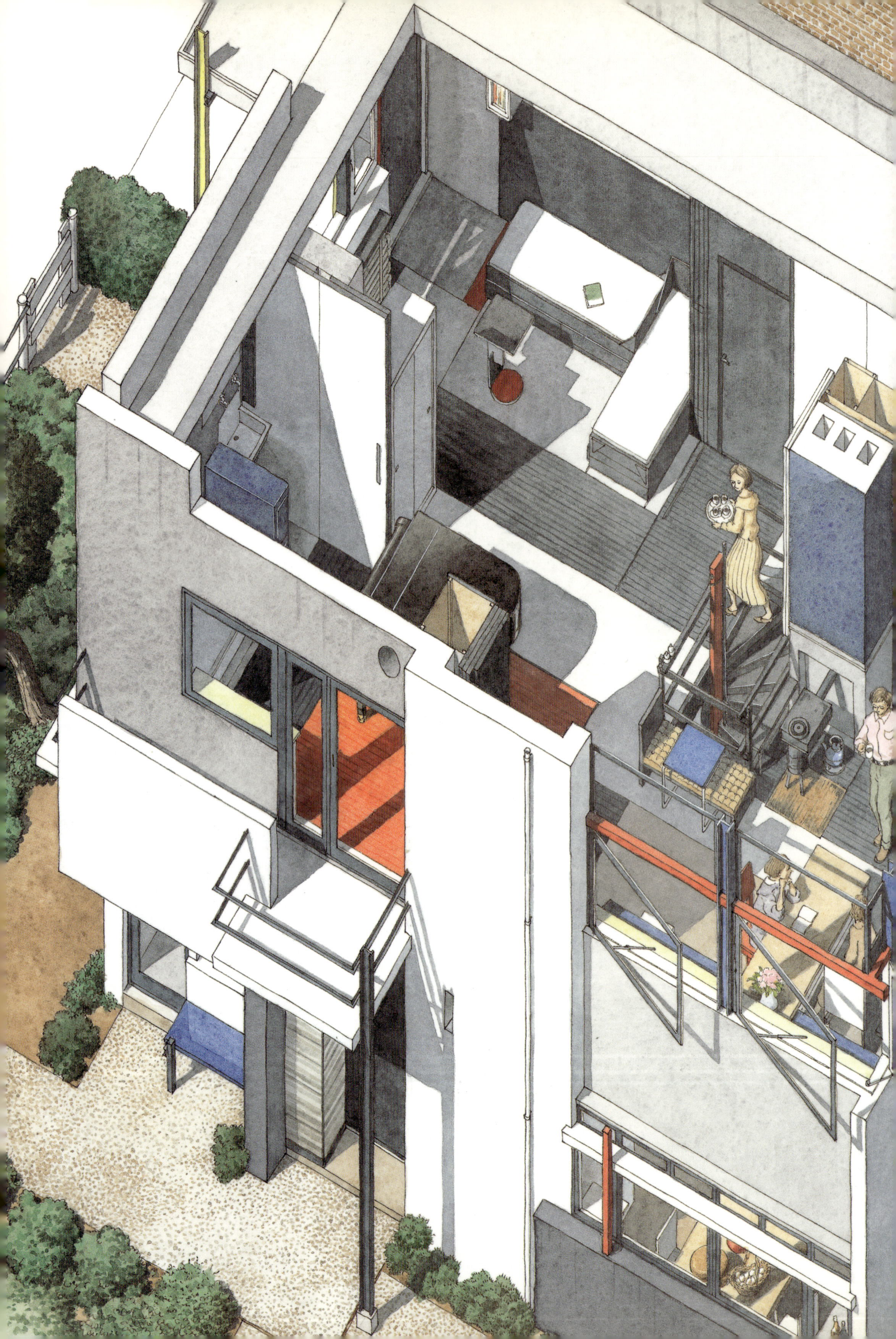

シュレーダー邸　Schröderhuis

可動性と開放性

　戦後、1957年にリートフェルト夫人が亡くなってから、1961年にリートフェルトは自分の住所をこのシュレーダー邸に移している。したがってこの住宅はリートフェルト・シュレーダー邸とも呼ばれることになる。彼はこの住宅で1964年に没し、残されたシュレーダー夫人は1985年、96歳の天寿をまっとうして、この住宅で没した。晩年の彼女は、訪れる客に、住宅内部の間仕切りの変化を見せながら、この建築の説明を行ったという。この、間仕切りの魔術のような住宅は、シュレーダー夫人のもとにリートフェルトがいても客には彼の姿が見えないようにできており、2人だけのときには開放的な空間を楽しめるように工夫されたものなのだという説もあるが、ほんとうにそれだけであったのかは、わからない。可動性と開放性は近代建築の最大のテーマとなったのであるから。

階段の開放（①）
シュレーダー邸の階段は建物の中央に位置しており、その周囲は間仕切りでふさがれるときと開放されるときとがある。それまでの階段は、しっかりと囲われた階段室のなかにつくられていたのだが、ここでは階段が剥き出しになる。階段の開放は近代建築のテーマだった。

角の開放（②）
窓はさまざまな開き方をする。ここでは両側の窓が開くと、建物の角が完全に開放される。建物の角の部分は柱が建ったり壁が巡らされたりして、しっかり固められるのが普通だった。それを開放して自由で広い眺望を得ること、これもまた近代建築が目指した夢だった。

バルコニー（③）
シュレーダー邸のバルコニーは鉄骨で軽やかに支えられている。しかもバルコニーを支えるこの支柱は、角の部分からずれたところに建っている。これもまた、支えられるバルコニーと、支える柱とをたがいに分離して、解放する表現なのである。

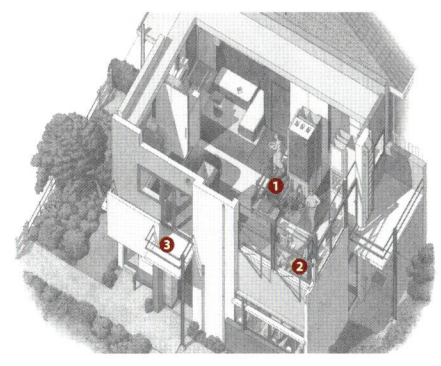

【参考文献】

■建築の流れを知るために

- 『建築全史　背景と意味』スピロ・コストフ著、鈴木博之監訳、住まいの図書館出版局：東京、星雲社(発売)：東京、1990.8
- 『フレッチャー世界建築の歴史　建築・美術・デザインの変遷』フレッチャー著、ジョン・モスグローヴ編集、飯田喜四郎・小寺武久監訳、西村書店：新潟、1996.9
- 『図集世界の建築』（上、下）、アンリ・ステアリン著、鈴木博之訳、鹿島出版会：東京、1979.4-1979.5
- 『世界建築事典』ニコラウス・ペヴスナー、ジョン・フレミング、ヒュー・オナー著、鈴木博之監訳、鹿島出版会：東京、1984.4
- 『図説世界建築史』全16巻、本の友社：東京、2002.2～2003.12
- 『西洋建築史図集』三訂版、日本建築学会編、彰国社：東京、2004.1
- 『図説年表西洋建築の様式』鈴木博之編、鈴木博之ほか著、彰国社：東京、1998.4
- 『近代建築史図集』新訂版、日本建築学会編、彰国社：東京、2004.2
- 『日本建築史図集』新訂版、日本建築学会編、彰国社：東京、2004.2
- 『日本建築のかたち　生活と建築造形の歴史』西和夫・穂積和夫著、彰国社：東京、2000.10
- 『東洋建築史図集』日本建築学会編、彰国社：東京、1995.7

■個々の建築に関するもの

- 『世界帝国ローマの遺構』太田静六著、理工図書：東京、1995.7
- 『ローマ百景―建築と美術と文学と』マリオ・プラーツ著、白崎容子・上村清雄・伊藤博明訳、ありな書房：東京、1999.7
- 『古代都市ローマ』青柳正規著、中央公論美術出版：東京、1990.7
- 『図説 ローマ「永遠の都」都市と建築の2000年』河辺泰宏著、河出書房新社：東京、2001.1
- 『もう一つの地中海建築　ローマ、ペルシァ、イスラムからカタルーニャ』赤地経夫著、INAX出版：東京、1997.2
- 『古代のローマ水道　フロンティヌスの「水道書」とその世界』今井宏著、原書房：1987.1
- 『ローマの道 遍歴と散策　道・水道・橋』藤原武著、筑摩書房：東京、1988.11
- 『きらめく東方 サン・ヴィターレ聖堂』磯崎新＋篠山紀信建築行脚、磯崎新・越宏一・篠山紀信著、六耀社：東京、1989.1
- 『カッパドキア　トルコ洞窟修道院と地下都市 アジアをゆく』大村幸弘著、集英社：東京、2001.4
- 『カッパドキア　はるかなる光芒』立田洋司著、雄山閣出版：東京、1998.7
- 『トルコ』世界の建築、ウリヤ・フォークト・ギョクニル文、エドワルド・ヴィトメル写真、森洋子訳、美術出版社：東京、1967
- 『アンコール遺跡の建築学』片桐正夫編、連合出版：東京、2001.7
- 『アンコールトム　バイヨン北経蔵の保存工学的研究』早稲田大学理工学総合研究センター：東京, 1999.7
- 『フランスのロマネスク教会』櫻井義夫文、堀内広治写真、鹿島出版会：東京、2001.3
- 『ロマネスク』レーモン・ウルセル文、ジャック・ルイエ写真、飯田喜四郎訳、美術出版社：東京、1967
- 『フランス・ロマネスク』饗庭孝男著、山川出版社：東京、1999.5
- 『聖なる空間をめぐる　フランス中世の聖堂』前川道郎著、学芸出版社：京都、1998.7
- 『アッシージのサン・フランチェスコ聖堂　建立初期の芸術』辻茂ほか著、岩波書店：東京、1978.11
- 『ゴシックの芸術　大聖堂の形と空間』ハンス・ヤンツェン著、前川道郎訳、中央公論美術出版：東京、1999.6
- 『ゴシック建築の構造』ロバート・マーク著、飯田喜四郎訳、鹿島出版会：東京、1983.11
- 『ゴシック建築のリブ・ヴォールト』飯田喜四郎著、中央公論美術出版：東京、1989.2
- 「国民国家の形成と展開「国民」のプロジェクトとしてのケルン大聖堂」室井俊通著、『転換期のヨー

- 『集落の教え100』原広司著、彰国社：東京、1998.3
- 『イスラーム建築の見かた 聖なる意匠の歴史』深見奈緒子著、東京堂出版：東京、2003.7
- 『パラディオ図面集』オッタヴィオ・ベルトッティ・スカモッツィ著、長尾重武編、中央公論美術出版：東京、1994.1
- 『アンドレア・パラディオ 1508-1580』SD編集部編、鹿島出版会：東京、1982.3
- 『パラーディオ「建築四書」注解』桐敷真次郎編著、中央公論美術出版：東京、1986.1
- 『国宝重要文化財姫路城保存修理工事報告書』1〜3、文化財保護委員会：東京、1965
- 『特別史跡姫路城跡石垣修理工事報告書』日本城郭研究センター姫路市立城郭研究室編、姫路市：兵庫、1992
- 『重要文化財二条城修理工事報告書』1〜8集、二条城事務所編・京都市元離宮二条城事務所編、元離宮二条城事務所：京都、1955〜1990
- 『不滅の建築「二条城」』鈴木嘉吉・工藤圭章編、毎日新聞社：東京、1989.4
- 『ヴェルサイユ宮殿の歴史』クレール コンスタン著、遠藤ゆかりほか訳、創元社：東京、2004.6
- 『ヴェルサイユ宮 華麗なる宮殿の歴史』ジャン・クロード・ル＝ギュー著、飯田喜四郎訳、西村書店：新潟、1992.7
- 『重要文化財東照宮社殿修理工事報告書』重要文化財東照宮社殿修理委員会編、東照宮：東京、1965
- 『国宝東照宮唐門・透塀修理工事報告書』日光二社一寺文化財保存委員会：栃木、1967
- 『国宝東照宮本殿・石之間・拝殿修理工事報告書』日光二社一寺文化財保存委員会：栃木、1967
- 『ルネサンスとバロック イタリアにおけるバロック様式の成立と本質に関する研究』ハインリッヒ・ヴェルフリン著、上松佑二訳、中央公論美術出版：東京、1993.10
- 『バロック イタリアと中部ヨーロッパ』世界の建築、ピエール・シャルパントラ文、ペーテル・ヘーマン写真、坂本満訳、美術出版社：東京、1965
- 『ドイツ中世の都市造形』永松栄著、彰国社：東京、1996.3
- 『ガウディの建築実測図集』田中裕也著、彰国社：東京、1987.5
- 『ガウディ建築入門』赤地経夫ほか著、新潮社：東京、1992.1
- 『ガウディの世界』サビエル・グエル著、入江正之訳、彰国社：東京、1988.4
- 『ガウディの建築』鳥居徳敏著、鹿島出版会：東京、1987.4
- 『修道院の中のヨーロッパ ザンクト・ガレン修道院にみる』ヴェルナー・フォーグラー編、阿部謹也訳、朝日新聞社：東京、1994.10
- 「オットーネンにおける修道院改革とザンクト・ガレン修道院」岡地稔著、『権力・知・日常 ヨーロッパ史の現場へ』長谷川博隆編、名古屋大学出版会：愛知、1991.8
- 「ヘリット・トーマス・リートフェルト シュローダー邸」『GA』68号
- 「シュレーダー邸（前編）ヘーリット・トーマス・リートフェルト作」下村純一著、『GAS NEWS』245号

■世界文化遺産に関するもの

- 『世界遺産 オールカラー完全版』全7巻、水村光男監修、講談社編、講談社：東京、2002.6
- 『ユネスコ世界遺産年報』9、特集・古代ギリシャ、平山郁夫総監修、城戸一夫監修、日本ユネスコ協会連盟編、平凡社：東京、2004.1
- 『世界遺産地図 どんな構造？誰が作った？』インターナショナル・ワークス編、幻冬舎：東京、2003.9
- 『総合学習に役立つみんなの世界遺産』全7巻、城戸一夫監修、岩崎書店：東京、2000.4
- 『ユネスコ世界遺産』全13巻、ユネスコ世界遺産センター著、講談社：東京、1998.7
- 『ビジュアル・ワイド 世界遺産』青柳正規監修、小学館：東京、2003.12
- 『週刊ユネスコ世界遺産』講談社編、講談社：東京、2004.7〜

あとがき

　ここに収められたのは、世界文化遺産に登録された建造物群の、精緻でありながら、暖かみのある雰囲気に満ちた表現である。これをなんと呼ぶべきなのか、簡単には決められない。彩色図面であり、図解であり、イラストレーションであり、挿し絵といってもよいのかもしれない。しかしながらここには、そのどれにも当て嵌まらない雰囲気が残る。図面でなく写真でもないこうした表現を生み出すためには、たいへんな仕事が必要なのである。

　正確な図面を収集して、そこから建物の立面図、平面図、断面図を確定する。そのうえでどのように建物を表現するかを決めて、精密に絵画表現に仕上げていく。しかし図面にすべてが描き込まれるわけではないから、細部や図化されない部分の確定は難航する。ここでは、建築設計の知識が不可欠となる。また図面には色彩の指定が描かれてはいないから、写真やそのほかの資料から色彩を再現していく。そこに当時の人びとを描き加えて、周囲の自然や景観で取り囲む。これをなしとげる作者は建築家であり、画家であり、イラストレーターであり、そのすべてでなければならない。

　作者の青山さんは早稲田大学の建築学科に学んだ建築家であり、同時に多くの作品をもつ絵本作家でもある。その希有な結びつきがなければこのような本はでき上がらない。青山さんはじつに緻密であると同時に、描くことに夢を見る夢想家でもある。そうした希有な個性のもち主でなければ、やはりこのような本は描けない。

　ここには、美しく描き出された建物が数多く見いだされる。これらをたどることによって、世界の建築文化の流れと幅の広さが十分に味わえる。世界文化遺産はユネスコの世界遺産センターによって登録される、地球規模での文化財である。ヨーロッパだけではなくさまざまな文化圏の遺産を登録することに熱心であるとともに、古代から現代にいたるまでの時代をカバーすることにも熱心である。本書はそうした世界文化遺産の精神を幅広く収めることを心がけた。

　正確な表現は、ここから建築の在りかたを学ぶことのできる信頼性を備えている。青山さんと打合せをしながらこの本ができ上がっていくのは、じつに楽しいプロセスだった。描き込まれている建築の密度が高いので、その部分を抜き出して建築の各部解説を加えることもできた。これは正確で緻密な表現だからこそ可能になったものである。解説を加えられなかった部分についても、それぞれのページをじっくりと眺めていくなら、多くの発見をすることができるだろう。本書のページのなかには周囲を歩きまわり、内部に足を踏み入れ、天井を見上げることのできる、建物そのもののエッセンスが詰まっているのである。

　本書のなかの建物を巡る旅を、じっくりとくり返し楽しんでいただききたい。

（鈴木博之）

著者略歴

青山邦彦（おあやまくにひこ）

1965 年	東京に生まれる
1989 年	早稲田大学理工学部建築学科卒業
1991 年	早稲田大学大学院修士課程修了
1991 年	建築設計事務所アトリエ・モビル入社
1995 年	独立。絵本を描き始める
	現在に至る

第 17 回講談社絵本新人賞　佳作入選（1995 年）
日本都市計画学会石川賞　受賞（2000 年）
イタリア・ボローニャ国際絵本原画展 ノンフィクション部門 入選（2002 年）

主著書　『こびとのまち』、『おんがくのまち』、『ねじまき鳩がとぶ』パロル社、『ぼくたちのまちづくり』全 4（共著）岩波書店、『サバンナ のとけい』講談社、『ドワーフじいさんのいえづくり』フレーベル館 など

鈴木博之（すずき ひろゆき）

1945 年	東京に生まれる
1968 年	東京大学工学部建築学科卒業
1974 年	東京大学工学系大学院博士課程修了
1974 年	東京大学工学部専任講師
1974 年	ロンドン大学コートゥールド美術史研究所留学（～ 1975 年）
1978 年	東京大学工学部助教授
1990 年	東京大学工学部教授
	現在に至る

主著書　『近代・現代建築史　新建築学大系 5』、『図説 年表西洋建築の様式』（編）彰国社など

永遠の空間　描かれた世界遺産
2004 年 11 月 30 日　第 1 版　発　行

著　者　青山邦彦・鈴木博之
発行者　後　藤　　武
発行所　株式会社　彰国社
　　　　160-0002 東京都新宿区坂町 25
　　　　電話 03-3359-3231（大代表）
　　　　振替口座　00160-2-173401

著作権者との協定により検印省略

自然科学書協会会員
工学書協会会員

Printed in Japan

© 青山邦彦・鈴木博之　2004年
製版・印刷：壮光舎印刷　製本：関山製本社

ISBN4-395-00714-7　C3052
http://www.shokokusha.co.jp

本書の内容の一部あるいは全部を、無断で複写（コピー）、複製、および磁気または光記録媒体等への入力を禁止します。許諾については小社あてご照会ください。